Haz Que Te Persiga: La Estrategia Simple para Atraer Mujeres (Libro en Espanol/ Attract Women Spanish Book Version) (Spanish Edition)

Aviso de Derechos de Autor

Ninguna parte de este libro puede ser reproducida o transmitida de ninguna manera, ya sea electrónica o mecánica incluyendo el fotocopiado, grabado o por cualquier sistema de almacenado o recuperación de información sin el consentimiento expresado por escrito, con fecha y firma del autor. Todos los derechos reservados.

Bono del Comprador

Quiero agradecerte por la compra de este libro. Como forma de extender mi gratitud te daré acceso completo a recursos exclusivos, incluyendo:

- Libros y cursos gratuitos
- Construir un estilo de vida que te garantizará éxito con las mujeres
- Cómo Verte y Sentirte de lo Mejor
- Mantén viva la conversación sin parecer extraño
- Cómo expresarte con confianza y cautivar la atención
- Y mucho más sobre la confianza, las relaciones y las citas

Registrate Gratis Aquí

Información del Autor

¿Me creerías si te digo que alguien que no tiene nada de autoconfianza y es tímido alrededor de las chicas puede transformarse en un macho alfa que atrae todos los tipos de mujeres a donde sea que vaya? Bueno, créelo porque soy un testimonio en carne y hueso de que esto puede suceder.

Te digo que mi historia es bastante similar a la del patito feo pero con más eventos interesantes y giros en la trama. Pensarás que el autor de este famoso cuento de niños hizo referencia a la historia de mi vida.

Mientras crecía, era un chico tímido y raro con muy pocos amigos. Tenía crushes pero realmente no hacía nada al respecto debido a mi timidez. No sabía cómo hablarle a las chicas de mi edad. No era un niño particularmente feo, solo uno que no sabía cómo ser cool o encajar con los otros. Las chicas se interesaban en mí de vez en cuando pero, al no encontrar las palabras y no saber que hacer por lo general me dejaban.

Después de la secundaria, aun estaba solo y falto de experiencia comparado con mis amigos. Con gran esperanza de encontrar el amor, deje mi casa y fui a la universidad. Aún era un estudiante tímido, especialmente ya que era un nuevo lugar con nuevas personas. La mayoría del tiempo me mantenía reservado porque me sentía más cómodo de esa forma. Solo tenía dos o tres amigos hombres con los que pasar el rato.

Durante este tiempo observé a algunos estudiantes mayores de intercambio que siempre se acercaban a chicas y parecían tener una enorme confianza incluso si eran rechazados. Esto me inspiró confianza hablé con algunas chicas en el campus de la universidad. Los resultados fueron variados pero aún era bastante tímido y no seguí un sistema, así que mi tasa de éxito en la escena de la cita daba lastima.

Afortunadamente algunas chicas me aceptaron pero me sentía como un fraude, y sabía que al tiempo que estas chicas solo necesitaban algo de mi, un aventon a algun lado o ayuda con un trabajo o proyecto particularmente difícil. Lo sabía, pero las deje porque ¿que se suponía que hiciera? Hombres como yo no tenían ninguna oportunidad. Siempre tenía eso en mi mente, que ellas estaban fuera de mi alcance y que solo me aceptaban por lastima. Cree eso lo hizo realidad y proyecté mi baja autoestima ante ellas.

Después de unas cuantas relaciones cortas las cuales no fueron más allá por mi falta de habilidades conocí a Emily. Tenía 22 años de edad y hasta el momento nunca había estado en una relación apropiada. Seguro, tenia enamoramientos y había dormido con unas cuantas chicas y había salido con algunas, pero nadie comparada a Emily. Ella era el amor de mi vida. La conoci en una fiesta en una casa y la pegamos de inmediato.

Las cosas fueron bien al principio, nos veíamos unas cuantas veces a la semana y estábamos enamorados. Gradualmente empecé a tomarla por sentado y me deje ir. Ella se convirtió en mi mundo. Deje de ver a mis amigos. Deje de ejercitarme y comprar ropa nueva. ¡Incluso deje crecer mi cabello!

Cuando la universidad había terminado era tiempo de que regresaramos con nuestros padres. Me había vuelto dependiente de ella y no podia estar sin ella, asi que le pedi que se mudara conmigo y mis padres. ¡Esa fue una mala idea!

Las cosas fueron grandiosas al principio pero después de un tiempo, ella empezó a estar muy ocupada con su nuevo trabajo. Mientras tanto yo estaba desempleado y descubriendo mi próximo movimiento. Para mi las cosas no iban hacia ningún lado y me convertí en un novio pegajoso que siempre necesitaba saber donde estaba ella y que estaba haciendo. No sé por qué pero quizás porque sabía muy en el fondo que ella podía tener a alguien mucho mejor que yo. Me sentía inseguro y celoso todo tiempo, hasta que ella se hartó, y me dejó. Estaba devastado y pensé que no sería capaz de seguir adelante. Estuve perdido por un año, otras chicas no me interesaban. Emily era mi mundo y sin ella mi vida carecía de sentido. Volvimos a estar juntos un par de veces pero nunca funcionaba.

La verdad era que sabía muy en el fondo que no éramos el uno para el otro y solo estaba asustado de lo desconocido, de avanzar en mi trayecto como hombre. En el fondo de mi mente sentia que habia todo un mundo de citas que estaba allá afuera para explorar. Pero sabia que seria dificil para mi regresar a la escena de las citas y probar mi suerte de nuevo. Después de todo, era desafortunado en el amor considerando mis experiencias pasadas con mujeres.

Un dia solitario en una serie de muchos días solitarios pasé a través de unos sitios web acerca de cómo conocer chicas. Descubri que habia hombres promedios como yo usando estrategias comprobadas para citas para constantemente acostarse con mujeres de calidad siempre que ellos quisieran. Estos hombres salían dia y noche conociendo mujeres y acostándose con ellas, ¡algunas veces varias mujeres al mismo tiempo!

Estaba enganchado y devoré todo lo que pude de este tema. Conoci algunos nuevos amigos hombres en linea y observe como ellos fácilmente atraían mujeres alrededor de ellos. Durante este tiempo incluso contraté un coach de citas, me llevó a algunos bares y probe lo que me había enseñado. Observé, estudie, tome notas, y decidí intentarlo. De todas maneras no tenía nada que perder. Si hay algo de lo que me arrepiento de mi vida, es no saber de estas técnicas antes.

Desde entonces gané experiencia atrayendo y cortejando mujeres enseguida. Mis primeros pasos fueron tímidos, era muy tímido. Pedir direcciones a una mujer al azar en la calle o incluso sonreirle a una chica en un club era un enorme esfuerzo mental para mi. Superar la ansiedad fue mi mayor obstáculo.

Ahora, tengo citas con las mujeres más calientes de la ciudad a diestra y siniestra. He salido con las del tipo corporativo, actrices emergentes, modelos, doctoras, dueñas de negocios, cantantes y muchas más. Ahora puedo escoger la que me guste, cuando hace no mucho me tenía que conformar con lo que viniera. Imagínate, no hacía nada muy drástico ni caro, como someterme a cirugía plástica o comprar un vehículo deportivo o una mansión para impresionar a las damas. Solo ajusté un poco mi personalidad y estilo de vida. Okay...., no un poco pero entiendes lo que te digo. No tuve que hacer lo imposible. Mi solución es algo que cualquiera pueda hacer.

Y las buenas noticias son que decidí compilar todo y escribir un libro al respecto. Te puedes preguntar por qué hago esto. La respuesta es simple. Quiero ayudar a los chicos que son como mi antiguo yo-- tímidos y raros con baja autoestima.

Quizás mi misión en la vida es ser el padrino mágico de estos tipos que no parecen encontrar la suerte en las citas y transformarlos en hombres atractivos al dejarles saber el secreto.

Probablemente pertenezcas a este grupo de tipos si estás leyendo esto. Si es así, recuestate, aprende y prepárate a experimentar el gran cambio que te transformará en el hombre que todas las mujeres quieren conocer y con quien quieren estar.

Contenidos

Capítulo 1: La Chica Perfecta

Capítulo 2: Cómo ser Atractivo

Capítulo 3: Haz que te Persiga

Capítulo 4: Cómo conocer mujeres fácilmente

Capítulo 5: Juego nocturno

Capítulo 6: Juego Diurno

Capítulo 7: Citas en Línea

Capítulo 8: Conseguir Chicas en el Trabajo

Capítulo 9: Círculo Social

Capítulo 10: Seguimiento y Mantener a las Mujeres Interesadas

Capítulo 11: Cómo salir con Chicas de Alta Calidad

Capítulo 12: La Clave de Coquetear con Cualquier Mujer

Capítulo 13: Sexo

Capítulo 14: Haz que Sea Tu Novia (o una de ellas)

Capítulo 15: Hacks del Estilo de Vida

Capítulo Bonus: El Sistema Rápido

Conclusión

Capítulo 1: La Chica Perfecta

En las citas, hacen falta dos para bailar el tango. Es cliché pero vaya que sí es cierto. Nunca es en una sola vía. Solo porque hayas encontrado a la chica con la que piensas que quieres casarte, o al menos con la que quieras *"Netflix and chill"*, no significa que es el final de la historia. También necesitas ser el tipo de hombre a quien las chicas están atraídas. Obvio, quizás encontraste la chica de tus sueños que se parece a Cara Delevingne, es una propietaria de negocios exitosa, y toca el piano pero ¿qué hay de ti? ¿Qué puedes ofrecer a cambio?

Vamos a abordar esto punto por punto. Primero, necesitas identificar el tipo de chica con la que te quieres ir a casa, con la que quieres salir o casarte. Cual sea que sea tu objetivo final. Necesitas tener una imagen clara en tu cabeza, no solo como se ve (lo cual realmente no es tan importante a la larga, siendo totalmente honesto) sino también que hace y quien es como persona. Definir lo que quieres en una mujer te lleva directo al grano y atraes lo que quieres.

Aquí hay unas guías que te ayudarán a identificar el tipo de mujer que quieres conocer.

Edad

Primero lo primero. ¿Tienes un grupo de edad específico en mente? Algunos hombres están más atraídos a las mujeres más jóvenes (pero no tan jóvenes como menores, por favor) mientras otros están atraídos a mujeres mayores. También están los hombres que prefieren las que tienen la misma edad que ellos.

Hay varios motivos para esto. He conocido hombres que son atraídos por mujeres que son mucho menores porque sienten que quieren ser los proveedores y protectores de estas jóvenes. No tiene nada de malo, siempre y cuando ella sea legal. También tengo amigos hombres que están interesados en mujeres que son de cinco a seis años mayores, simplemente porque aman a las mujeres que son sofisticadas y experimentadas. La mayoría de los hombres que conozco quieren conocer mujeres que tengan la misma edad o tengan dos o tres años menos. Su razón es que quieren estar con alguien que puedan considerar como su igual. Sin embargo, no hay un grupo de edad correcto cuando se trata de las citas porque todo depende de tu preferencia.

Las mujeres por lo general son atraídas por hombres mayores ya que prefieren la estabilidad y madurez. Los chicos más jóvenes por lo general son atraídos por mujeres mayores ya que la experiencia los excita. En cada caso, necesitas adaptarte. Al atraer mujeres mayores, debes ser bien balanceado, respetuoso y un tipo de hombre del renacimiento que sea bien culto y experimentado. Las mujeres mayores valoran estos rasgos en un hombre. Para atraer mujeres menores, debes actuar como un proveedor de seguridad, comodidad y sabiduría. Manteniendo tu juventud y vitalidad al permanecer en forma y a tono con un sentido de la buena moda y al tanto de las tendencias.

Belleza

Aunque la personalidad juega un gran papel cuando se trata de construir una relación con alguien, la belleza definitivamente es un factor importante, especialmente al estar con mujeres por primera vez. Lo primero que te atrae de una mujer es su apariencia porque no puedes determinar la personalidad de una mujer sin interactuar con ella primero. Y para algunas personas, puede tomar más tiempo conocerlas. Así que la primera atracción entre dos personas normalmente está basada en la apariencia. Todos quieren salir con alguien que sea bonita, solo recuerda que esto no debe ser tu único factor de decisión al buscar que alguien sea tu novia. Aunque el atractivo físico es suficiente si sólo estás buscando enganchar a alguien para una noche.

Las mujeres bonitas reciben mucha atención de los hombres. Necesitas destacarte de la multitud. ¿Cómo puedes hacerlo? Mantente con los pies sobre la tierra cuando estés con ella, no te pierdas en su belleza ni te quedes colgado con cada palabra que diga. Exprésate, dile que te gusta y que no te gusta. Intenta que responda a tus preguntas. Establece la idea de que tu eres el hombre y ella la mujer. Tú diriges y ella sigue. No necesitas ser un patán arrogante, se un caballero a la vez y muestrale empatía por sus emociones. Para ella, estar contigo debería sentirse como una montaña rusa de emociones románticas. Eres el centro de todo, la roca en las olas.

Referente a la belleza, hazte preguntas como. ¿Te gustan las morenas, rubias, asiaticas? ¿Qué tan bonita debería ser, se ve bien al natural o es una reina del botox?

Inteligencia

Nadie quiere salir con una bimbo o alguien que llegó tarde a la repartición de cerebros porque se volverá aburrido rápidamente. Aunque esto realmente no importa si solo buscas alguien con quien acostarte. Lo creas o no, hay hombres que salen con cabezas huecas porque les hace sentirse superiores pero no seas este tipo de hombre. Querrás salir con alguien que pueda mantener la conversación sin ningún problema. No tiene que tener un doctorado obligatoriamente o saber de física nuclear. Aunque si es lo que deseas también está bien. Siempre que sepa de cosas básicas y esté al tanto de lo que sucede a su alrededor, estará bien. Todo es tu elección

Cuando interactúas con una mujer inteligente, necesitas prepararte para tener conversaciones inteligentes que no se queden solo en el estado del tiempo o los chismes. Necesitas estar a la par de su inteligencia, no en el sentido literal, ya que no tienes que saber todo sobre biotecnología si a ella le interesan esas cosas. Hacer preguntas inteligentes y simplemente conocer una variedad de temas ayudará bastante. Puedes leer de los eventos actuales en internet o mirar las noticias y siempre aprender sobre las cosas. Practica hablar con personas inteligentes en tu vida diaria y tener amigos inteligentes que te ayuden. Los hombres que les encanta leer son muy atractivos para este tipo de mujeres, así que si no cres un lector ávido, deberías empezar a volverte uno. Puedes empezar leyendo libros clásicos que puedas insertar mientras tienes conversaciones con este tipo de mujeres.

Un consejo, si no sabes sobre un tema entonces no digas que sabes sobre eso. Cuando te empiece a hacer preguntas o hablar de los detalles quedarás como un tonto. Es mejor ser honesto e interesarte en nuevos temas.

Las mujeres que se consideran inteligentes pueden encontrarse en librerías (sorpresa, sorpresa), bibliotecas, conferencias, cursos o cafés muy seguido por ejemplo. Asegúrate de acercarte de manera educada y ten la mentalidad de ofrecer valor e intelectualmente estimular la conversación.

Saludable

Todavía no conozco a un hombre que esté buscando activamente una mujer que sea enfermiza o tenga una enfermedad. Obviamente, ¡los hombres quieren salir con mujeres que sean saludables! Las mujeres saludables tienen cuerpos increíbles porque siempre se ejercitan y comen comidas balanceadas. También es divertido estar con ellas y pueden hacer la mayoría de las actividades físicas porque están en buena forma. ¡Ser *fit* también hace el sexo increíble!

Por el contrario, hay mujeres que se obsesionan por su peso. Y no debes confundir estas con mujeres saludables porque hay una gran diferencia. Una mujer saludable se servirá un pedazo de pastel o comerá un helado de vez en cuando pero una chica que esté obsesionada con su peso siempre rechazará esos gustos. No es divertido salir con una mujer obsesionada con su peso porque todo en lo que pensará es su peso. Además, sería una pesadilla llevarla a cenar.

Y ¿Cómo puedes encontrar una mujer saludable si tu mismo no eres saludable? Primero necesitas mejorar no solamente tu salud sino también la forma en que te manejas. Andar encorvado y tener el ceño fruncido te hará ver como si no estuvieras en forma. Siempre siéntate y párate derecho y ponle una sonrisa a tu cara. Y esto va sin tener que decirlo, ejercítate siempre y come saludable. Las mujeres saludables que buscan hombres como ellas no serán atraídas por alguien que tenga una barriga de cervecero o que fume, así que deja tus malos hábitos antes de salir y acercarte a estas mujeres.

Las mujeres saludables por lo general se encuentran ejercitándose en el gimnasio, trotando al aire libre, comiendo en restaurantes veganos o comprando en Trader Joe's o Whole Foods. Una gran forma de conocerlas es ir a clases de ejercicios tales como yoga o baile. Estas clases están llenas de mujeres, normalmente serás el único chico allí. O ¡al menos el único chico hetero! No tengas miedo de verte como un tonto si no tienes experiencia en la clase, a las mujeres les encantará enseñarte y te darán grandes oportunidades de abrir la conversación. También puedes utilizar esto en el gimnasio. Ayuda a una chica a hacer pesas y dale consejos sobre la técnica. Se delicado y ten confianza y evita ser un *stalker creepy*.

Gracioso

Si quieres una mujer con sentido del humor, eres uno de los millones de hombres que quiere lo mismo. Los hombres consideran a las chicas divertidas sexys y confiadas. Después de todo, no puedes hacer chistes o reirte de ti mismo si no tienes un alto autoestima. Estar con chicas divertidas es divertido, obviamente. Estar con ella siempre está lleno de risas. Pero ten en mente que puede ser más difícil llevar tu conversación hacia algo más íntimo y serio si estás siempre con un ataque de risas. Cuando encuentres un descanso de todas las risas y bromas, puedes comenzar una conversación más íntima y seria con ella.

Las mujeres divertidas son también inteligentes pero en una especie de forma más alegre, a diferencia del tipo que están en neurociencias o física cuántica. Puedes igualar su humor no siendo tan serio todo el tiempo. Hazla reír con cosas del ambiente en el que están. Cuéntale historias graciosas, riete de ella. Aunque, una advertencia, no es ser gracioso a costa de otros. Nunca hagas una broma acerca de otras personas solo para hacerla reír. Es posible que no aprecie esa clase de humor y te considerará malvado y ofensivo. De igual forma evita temas políticos sensibles, roles de género, racismo o nacionalismo. Algunas chicas pueden ofenderse con bromas de estos temas y puede que ella no te lo diga al momento, pero luego desaparecerá.

El humor es una arma potente de seducción, así que si puedes dominarlo, tu éxito amoroso se elevará hasta el cielo. No es un secreto que los comediantes tienen sexo como locos, Mira a Eddie Murphy o Russell Brand. Puedes volverte más gracioso observando los grandes comediantes de stand up y películas graciosas. Descubre que los hace graciosos y agrégalo a tu personalidad.

Las mujeres divertidas están en todas partes, y usualmente las encontrarás con un grupo de amigos porque ellas aman a su audiencia. También hay mujeres tranquilas que son graciosas cuando hablas con ellas y se sienten lo suficientemente cómodas para mostrar su verdadera personalidad. Todo se trata de acercarse de manera no amenazadora y construir confianza con humor.

Confiable

Esta es una cualidad difícil de medir especialmente cuando la conoces por primera vez. Pero puedes chequear por señales que indiquen si alguien es confiable. Por ejemplo, si tiene un trabajo estable y puede mantenerse a sí misma sin ningún problema, probablemente sea una persona confiable. Otra señal es si no se pasa de tragos cuando sale con amigos, lo cual quiere decir que ella quiere estar en buen estado mental en público. Si la ves fuera cuidando niños o paseando varios perros en el parque, ella es probablemente confiable porque pueden confiarle niños pequeños y mascotas. Realmente no podrías saber a la primera que hables con ella pero definitivamente puedes buscar pistas que te darán una idea de si es una persona confiable.

Si quieres una mujer que sea confiable, quizás alguien que trabaje y gane dinero por sí misma, entonces tu tambien deberias ser un hombre confiable que se mantenga a sí mismo. Es simplemente muy embarazoso si aún vives en la casa de tus padres porque aun no tienes trabajo. Se el hombre que está en control de su vida.

Puedes encontrar mujeres confiables en clases, la biblioteca o seminarios. recuerda no juzgar a mujeres que disfrutan ir a bares como poco confiables. Probablemente solo quieran divertirse así que mantente en la busqueda incluso en es tipo de lugares.

Honestidad

¿quien no quiere a una persona honesta incluso solo para ser amigos? Aún más si quieres salir con esa persona. Sin embargo, esto es probablemente aún más complicado de decir en el primer encuentro porque ¿como puedes saber si alguien no es honesto, a menos que de plano nos diga una mentira? El truco aquí es prestar atención a lo que ella dice y notar esas cosas que no encajan. Recuerda puedes atrapar a un mentiroso en su propia red de mentiras. Ella podría olvidar su historia porque no está diciendo la verdad. Otra forma de saber si no es una persona honesta es simplemente observando. si menciona que salió con dos chicos al mismo tiempo en el pasado, es probable que lo vuelva a hacer en sus futuras relaciones. O algo tan simple como exagerar cosas para hacerse ver más interesante puede ser una señal de deshonestidad. Mantente alejado de este tipo de mujeres porque solo te causarán problemas y dolores de cabeza.

Para atraer mujeres honestas, también debes ser honesto acerca de ti mismo. No pretendas ser alguien que no eres solo para impresionar a una chica porque serás descubierto tarde o temprano. Creeme, lo he intentado antes. Pretendí haber leído un libro sobre el que preguntó una chica que me gustaba y termine quedando como un tonto porque era su libro favorito y ella estaba muy entusiasmada de encontrar a quien le gustara también, solo para darse cuenta de que estaba mintiendo luego de decir respuestas vagas y genéricas a sus preguntas muy emocionadas sobre el libro. Estas mujeres pueden ver a través de tus líneas ingeniosas e inmediatamente sabrá que estás hablando con ella porque te sientes atraído.

Las mujeres honestas están en todas partes. Todo lo que tienes que hacer es buscar. Cuando te acerques a ellas, solo se honesto y no juegues ningún juego. Si estableces el marco desde el principio siendo honesto con ellas acerca de todo, incluyendo tus intenciones entonces debería ser una velada tranquila. Si sientes que es deshonesta entonces vete.

Respetable

En este tiempo y era de citas modernas, de deslizar izquierda o derecha en Tinder, de invitar a alguien a solo por el *Netflix and chill*, de simplemente querer ligar, ¿puedes aún encontrar a una mujer respetable que se valore a sí misma? Sí, sin duda. Aún hay muchas mujeres que se valoran a sí mismas y que no actúan de forma promiscua. Es fácil encontrar mujeres respetables con solo mirarlas. No es solo la forma en que están vestidas, si no cómo se comportan. Beber demasiado y bailar de forma sucia con cualquier hombre en la pista de baile puede ser considerado promiscuo. Irse con un hombre que conoció hace sólo tres segundos no es el comportamiento de una mujer respetable. Alguien que es respetable arrastra consigo una tranquila dignidad. Y no es ruidosa e insufrible. Ella tiene clase y sofisticación que muchos hombres encuentran realmente atractivo.

Las mujeres respetables tienen un alto estándar en lo que se refiere a hombres. Ellas quieren un hombre del que puedan estar orgullosas. Tener un trabajo estable es señal de respetabilidad porque estas trabajando duro para mantenerte sin ayuda de los demás. También necesitas ser respetable no solo con las mujeres sino también con las otras personas a tu alrededor. Durante el dia a dia trata a las personas con respeto. Abre las puertas para personas, ayuda a otros cuando estén necesitados y se educado con todos. Ser respetuoso y ser respetable puede que no sean lo mismo pero seguramente van de la mano. Si eres un caballero respetable y te acercas a las mujeres de forma educada, te ayudará a reconocer rápidamente a mujeres similares. Porque cualquiera que reaccione de forma negativa a la cortesía no merece tu tiempo. No te enganches en su negatividad, simplemente alejate con la frente en alto.

Las mujeres respetables pueden ser encontradas en cualquier parte, incluso en clubs o bares. Las veras al margen, bebiendo silenciosamente su coctel simplemente observando a las personas a su alrededor. Ellas no quieren hacer el ridiculo asi que no beben más allá de su capacidad.

Sexy

Ser sexy es mucho más que tener el cuerpo perfecto. Es también sobre la forma en que se muestra a sí misma, su inteligencia, y también su confianza. ¿quieres salir con alguien que sexy? ¡Claro que quieres! Como cada hombre que he conocido. Alguien que sea sexy sabe lo que quiere y va tras ello. También sabe lo que puede ofrecer. Sexy es también tener la figura que todas las mujeres quieren tener y que los hombres desean. Puede vestir el conjunto más conservador y de igual forma irradiar *sex appeal* por la forma en que se muestra a sí misma

Si quieres conocer a alguien así, ¡Prepárate para perder la cabeza! Solo bromeo.... Prepárate para ser la clase de hombre que puede manejar toda esta sensualidad. Necesitas tener confianza en ti mismo y no ser inseguro porque estas mujeres pueden atraer toda clase de hombres. Tendrás mucha competencia y si quieres ganar, necesitas tener una ventaja sobre todos ellos. Este tipo de mujer es la versión femenina del macho alfa. O la hembra alfa (duh). Necesitas convertirte en el macho alfa si quieres conquistar a la hembra alfa porque de otra forma, no tendrás oportunidad. Actúa genial y confiado todo el tiempo, especialmente cuando te ponga a prueba o estén juntos en una situación estresante.

Puedes encontrar estas magníficas criaturas en todas partes. ¡Está preparado! Las notaras a kilómetros de distancia porque rebosan confianza y *sex appeal*. También notarás que muchos hombres tienen sus ojos sobre ella. Pero solo unos cuantos harán un movimiento porque la mayoría están intimidados, piensan que ella simplemente está fuera de su alcance. No debes ser así. Eres un macho alfa, y definitivamente puedes ir hacia ella e iniciar una conversación, y al final, llevarla a casa contigo.

Quizás seas atraído por otros gustos y personalidades que no estén incluidos en esta lista. Si hay otros gustos que piensas que son importantes para ti, entonces enlistalos. Hazlo con detalle. ¿Cuál es el color de sus ojos? ¿Cuál es su tipo de cuerpo? ¿Fuma? ¿Es popular? Lo que sea que sea importante para ti, ponlo en la lista. Luego mantén esa descripción de tu mujer ideal en tu mente, refrescalo a diario mirándola. Esto la traerá a tu conciencia. Tener una imagen clara de la mujer que quieres te ayudará a tener un mejor entendimiento de dónde encontrar tu tipo de chica, en qué tipo de hombre debes convertirte y como comportarte con ella. Lo más importante es que sepas lo que quieres y hagas lo que haga falta para ganarte su corazón.

En el siguiente capítulo aprenderás algunos consejos útiles que te mejorarán como hombre y te convertirás en el chico con el que todas las mujeres quieren estar.

Capítulo 2: Cómo ser Atractivo

Uno no puede simplemente volverse un hombre atractivo sin esforzarse en ser uno. Por supuesto, algunos tipos nacen apuestos y con confianza pero ese no es el único requisito. Hay mucho más. Necesitas conocer los secretos que tienen estos hombres para que puedas volverte como ellos.

El primer principio que necesitas saber es **ser consistente y persistente.** Si eres consistente y persistente en el juego de citas, entonces eso te mantendrá joven. ¿Qué significa eso? No significa que te mantengas joven con la edad, si no que significa muchas otras cosas. Una de ellas, si eres un participante activo en el juego de citas, tus técnicas están más a tono con la escena actual sin importar tu edad. Andar en citas y estar soltero es un viaje que requiere de la auto observación, acción y el auto mejoramiento constante. Si eres consistente y persistente activamente cuando la cosa se pone dura, terminarás con una vida con abundancia de citas, ¡usa la fuerza con cuidado!

Miremos a dos chicos que están a mediados de sus 30s quienes están solteros actualmente y están buscando citas divertidas. Tienes un chico que ha estado en citas continuamente año tras año con persistencia, trabajando en mejorarse a sí mismo. El otro chico está un poco oxidado porque no ha estado en la escena de las citas por años y ha sido relativamente inconsistente con su vida romántica. Cuándo la cosa se puso dura él se rindió o se distrajo con el trabajo. El primer chico tiene una idea de de los aspectos modernos de las citas tales como crear un perfil efectivo en Tinder o sabe lo que significa *"Netflix and chill"*. El segundo chico probablemente tiene una idea de lo que significa Tinder pero no sabría cómo usar la app y *"Netflix and chill"* para él probablemente significa lo que es -- ver Netflix y pasar el rato.

En este caso, el primer tipo tendrá mayores posibilidades porque sabe como funciona hoy en día. Después de todo, el tiene citas consistentemente y sabe cómo han evolucionado las estrategias de las citas a través del tiempo y cómo puede usar este conocimiento a su favor. Y debido a que conoce las técnicas de las citas modernas, se verá lleno de juventud para muchas mujeres. Conoce que el rechazo no significa fallar. Cree en la abundancia, cuando se cierra una puerta se abre otra.

Las mujeres no quieren sentir que salen con su padre o su abuelo por la forma en que interactúas con ellas. Además, ¿cómo puedes convertirte en un macho alfa si no vas y te mezclas no solo con las mujeres que intentas ganar sino también con otros chicos que se volverán tus competidores? Mantenerte en el juego te mantiene de puntillas, te mantiene en forma, mantiene tu apariencia y te da satisfacción en tu vida. Incluso si estás en una relación no significa que debas descuidarte. Quédate en el juego y mantén la llama de tu relación al aplicar las habilidades con tu chica.

Busca la calidad

Aparte de ser consistente en el juego de citas siempre debes buscar la calidad. A cambio tu mismo te convertirás en "calidad". ¿Cómo funciona? Primero, expliquemos que significa "buscar la calidad". No significa discriminar a las mujeres solo porque no se vean como una celebridad o no trabajen en una gran compañía. Ser así de quisquilloso te dejará sin citas y te hará ver repugnante. Trata a los demás como quieres que te traten a ti.

Buscar la calidad simplemente significa seleccionar mujeres que se ajusten a tus estándares. Si te gustan las chicas realmente candentes, o inteligentes, entonces búscalas. No significa ignorar a todas los demás, puedes ser amigo de ellas. Pero cuando se trata de citas, nunca bajes tus estándares. Después de todo, ¿por qué te esforzarias tanto en alguien cuando sabes que no llevará a una relación seria? A menos que por supuesto solo estés buscando un ligue.

Si estás en tus 30s y buscas a alguien de tu edad, ¿por qué perderías tu tiempo y esfuerzo intentando conseguir colegiadas cuando sabes que estás buscando algo más y la edad equivocada es un factor decisivo para ti? No persigas a todas las mujeres que veas solo porque intentas aumentar las posibilidades de asegurar citas. ¡Esto no es la lotería! Se selectivo.

Cuando aplicas este principio, elevaras tu vida porque cuando subes la barra tienes que perfeccionar tus estrategias de citas y habilidades. Interactuar con estas mujeres de alta calidad te dará una idea de lo que es y no es atractivo para ellas. El dicho de "la práctica lleva a la perfección" aplica en esta situación. Lucha constantemente para volverte mejor, es la solución a todos los desafíos.

Sin embargo, no seas un patán ignorando a las chicas amigables sólo porque no las deseas. Obvio, no debes perseguir activamente mujeres en las que no estás interesado. Pero definitivamente debes hacerlas sentir interesantes y atractivas cuando inician una conversación contigo. Una de las claves de volverse un mejor seductor es coquetear con cualquier mujer que venga hacia ti. Esto te hará una persona más sociable y agradable.

Siempre Listo

Está preparado para lo que sea. Si una chica linda pasa cerca de ti, habla, sin excusas. Al siempre ser social y alegre en tu vecindario y tu vida hará que seas más atractivo y te sacará de tu cabeza. Algunas veces esas interacciones no van a ninguna parte pero a veces una conversación de cinco minutos puede convertirse en años de amor, sexo y felicidad.

Asegurate de estar nivelado a la situación o entorno en el que te encuentras. No quieres ser demasiado ruidoso en la biblioteca o flirtear demasiado en la estación de metro por ejemplo.

Trata a todas las chicas por igual

No te sientas intimidado de coquetear con mujeres que vienen de un origen socioeconómico distinto, son super candentes, o mujeres que sean de diferentes etnias. No pienses que están fuera de tu alcance o son muy misteriosas para siquiera intentarlo. Solo habla y flirtea con ella y veras que lo que toda mujer quiere de un hombre, no importa quien sea o de donde venga, es hacerla sentir atractiva e interesante. Flirtea con ellas solo por el motivo de flirtear y sin ningún plan o motivo oculto, y serás recompensado aún más por la población femenina, solo espera y verás.

Otro principio importante es **ser flexible** a todo, ya sea que sea beneficioso para ti ahora mismo o a la larga. Las mujeres cambian más que el estado del tiempo inglés. Ellas están a menudo poniéndote a prueba inconscientemente. Puede que estés buscando una relacion seria y una mujer dice que no está interesada en una relación duradera por ahora. Eso no significa que debas dejar de hablar con ella. Aún puedes salir con ella y pasar el rato, quizás hasta tener sexo con ella. Quien sabe, Ella puede simplemente cambiar de opinión, enamorarse de ti, cazarte y decidir que quiere tener una relación seria contigo. Esto es algo que definitivamente deberías hacer si estas muy atraído por la chica. Recuerda que al salir con alguien, y en cualquier otro aspecto de la vida, la paciencia es una virtud.

Tambien deberias ser flexible con el ambiente en el que te encuentres. por ejemplo quizás estás fuera en clubs nocturnos, y los chicos siguen flirteando a tu chica. Se flexible y no intentes controlar la situación. Si tu chica está realmente interesada en ti y vale tu tiempo ellas los ignorará. Se flexible cualquier momento con tu chica, algunas veces las cosas no irán de acuerdo al plan y necesitarás adaptarte. Recuerdo haber estado en una cita y el lugar al que había planeado ir estaba lleno. Esto condujo a un cambio de lugar donde terminamos en un lindo bar intimo que fue mucho mejor que la multitud anterior. Cambia lo negativo por lo positivo.

Nunca te des por vencido

Cuando las cosas no vayan acorde al plan o si estas en territorio desconocido. Si te has mudado a un nuevo lugar o si estás intentando una nueva estrategia, experimentarás un deceso en tu rango de éxito. Quizás saliste y fuiste rechazado toda la noche o la cita se arruinó por ti. Pero recuerda que esto no durará mucho. El verdadero hombre se levanta cuando es derribado.

Rodeate con gente positiva y ten una vida interesante para que puedas salir adelante en los tiempos duros. En el gran esquema de las cosas valdrá la pena el esfuerzo. Enfócate en el viaje y no en el destino. De nuevo, la paciencia es una virtud en el mundo de las citas

Para resumir la mayor cantidad de puntos:

1. Se consistente
2. Busca la calidad
3. Siempre Listo
4. Trata a todas las chicas igual
5. Se flexible
6. **Nunca te des por vencido**

Estos principios se aplican a todos los escenarios de citas y a todas las personas de diferentes edades y orígenes. Sea cual sea el nivel del que vengas, no puede ser peor del que yo tenía. ¡Creeme que funciona! Concéntrate en los recursos clave y eleva tu vida al siguiente nivel.

En el siguiente capítulo hay grandes herramientas y mentalidades para ayudarte a volverte un hombre más atractivo y dominar tu vida y psicología.

Capítulo 3: Haz que te Persiga

Perfeccionar tu juego interno es la clave para hacer que las mujeres te deseen. ¿Que es juego interno? Trata acerca de cómo te sientes contigo mismo, y el estilo de vida que manifiestas. Tu juego interno es tan importante como tu juego externo (juego externo son las estrategias de citas que usas para atraer tu objetivo femenino). Trabaja en ti mismo y las mujeres se sentirán atraídas hacia ti.

Para darte una mejor idea, el problema de mi juego interno era cambiar mi aburrido trabajo a algo más emocionante que me acercara a las chicas, y pagará más. Seguí mis sueños y me convertí en DJ. Mi familia pensó que estaba loco porque nunca en su vida pensaron que me convertiría en DJ. Pero aquí estoy, y amo cada minuto de esto. No solo por las chicas (a pesar de que es un gran factor) pero también porque realmente amo lo que estoy haciendo ahora. No solamente es un trabajo genial que me ayuda a conocer chicas, sino que también paga bien especialmente una vez que tienes contactos. Tengo la oportunidad de viajar por el mundo, y como algo extra tengo beneficios como tickets a eventos y conciertos los cuales comparto con mi familia y amigos.

Es importante notar que si cambias, lo harás no solo por los beneficios de atraer mujeres sino que también porque es algo que tu realmente quieres para ti mismo. Esto te dará más confianza porque estarás en tu propio camino haciendo lo que amas. a su vez se verá reflejado en tu vida externa. Puede que no estés en un trabajo atractivo. Pero si es tu pasión, está orgulloso de lo que haces y mantente comprometido con tu trabajo. Si es algo que no te apasiona, haz los pasos hacia el cambio. Cambia de situación, aprende y toma responsabilidad de tu vida. Eres el único que lo hará. Alguien que ame su trabajo y está orgulloso de él es un extra en la agenda de las chicas porque ellas no quieren estar con un quejoso que siempre se queja acerca de sus deberes laborales o su trabajo.

Algunos hombres quizás son culpables también de esconderse en el trabajo y evitar su vida amorosa gracias a falsas excusas. Por supuesto todos necesitamos hacer dinero, vivir el sueño y ser exitoso. Pero no descuides tu vida amorosa y seas uno de esos tipos viejos en el bar que se enamoran del fútbol como distracción de su soledad. Como suelen decir, solo trabajo y nada de juego hacen de Juanito un chico aburrido.

Pero volviendo a las citas, ¿cuales son las cosas que necesitas hacer para convertirte en un hombre atractivo? Los hombres atractivos tienen ciertas cualidades acerca de ellos que los separa de los hombres ordinarios. ¿Cómo te sientes acerca de ti mismo y como lo reflejas ante el mundo?

Lo primero es **saber el tipo de auto-imagen que deseas proyectar**, en este caso, quieres que las personas te vean como alguien que tiene autoconfianza y puede conseguir cualquier mujer en la que pongas tus ojos. Para que las personas te vean de esta forma, primero necesitas verte a ti mismo en la forma que quieres te vean los otros ¿pero como? Bien ¡tienes que sentirlo dentro de ti!

Probablemente hayas escuchado de atletas que hablan acerca de sus juegos, cuando solo pueden ver el balón en cámara lenta, y todo lo demás, el público y sus oponentes, no forman parte del cuadro. Pueden sentir su talento, fuerza y habilidad mientras van hacia el balón. Están en "la zona" y nada más importa más que alcanzar la meta. Así es como los machos alfa se sienten cuando hablan con mujeres que les atraen. Solamente ven su objetivo, la mujer y todo lo demás es borroso. Y las mujeres, incluso los hombres, pueden sentir esta sensación de poder y confianza. Esta confianza es lo que hace a un hombre un macho alfa. Las mujeres se amontonan sobre él y los hombres lo observan por guia o consejos y quieren estar en su lado bueno.

Para mejorar tu autoimagen, necesitas experimentar estar en esa zona, donde seas solo tu, tu habilidad y la mujer. Una vez que experimentes esto, impulsará grandemente la confianza en ti mismo y empezarás a tener una mejor vista de ti mismo. La experiencia es la clave para desbloquear esto. Ponte en más situaciones que te desafíen. Si te sientes nervioso, hazlo. Viaja tanto como puedas. Incluso mejor si estás solo porque desarrollarás mucha confianza al estar en entornos no familiares. Intenta crecer un poco todos los días. Si ves que una chica candente pasa, acércatele. Hay un evento de conexiones el fin de semana, ve. ¿Saltar de un avión? ¡Hazlo!

Sin embargo, recuerda que hay una línea delgada entre la confianza y la arrogancia y no las puedes confundir. Los hombres atractivos no son tipos que van por ahí pavoneándose pensando que son dueños del mundo y que todos los demás están por debajo de ellos. Así no son las cosas con ellos, es por eso que muchos hombres admiran a estos tipos. A diferencia de los tipos arrogantes que terminan teniendo muchos enemigos por su actitud narcisista. Piensa en James Bond. Él es el tipo de chico que atrae a todas las chicas pero los hombres lo admiran. Cuando hay un problema, las personas acuden a él porque saben que él puede resolverlo. Él tiene confianza, no es arrogante y las personas respetan eso.

Pierde tu ego

Si eres controlado por tu ego, entonces no te puedes hacer llamar macho alfa porque ellos conocen sus límites. Saben que no son dioses que pueden hacer lo que sea. Ser controlado por tu ego es una señal de debilidad. Necesitas saber como hacer reverencias y ser humilde en el momento correcto. Sal del camino y responsabilízate por tus acciones, especialmente si te equivocas. Pedir disculpas y admitir que te equivocas es una señal de fuerza. Aquí es donde muchos hombres fallan. Piensan que admitir que se equivocan es el final para ellos cuando no es así. Al vivir de esa manera nunca crecerás y también alejarás a las personas de ti.

Pon Límites

No tomes malos comportamientos de los demás. No seas el chico bueno todo el tiempo o estas chicas te pondrán en la *friendzone* o peor, te tratarán como un felpudo. Recuerda que la forma en que las personas te tratan refleja la forma en que te valoras a ti mismo. Si las personas se aprovechan de ti, déjales saber o deja de verlos. Conoces tu valor y eres lo suficientemente fuerte para dar, pero si no hay retorno. vete.

Amate antes de amar a otros. Confía en mí porque he estado allí antes. Cuando todavía era estudiante, las chicas solo vendrían a mi cuando necesitaban algo, y yo solo las dejaba porque no conocía ninguna otra forma de atraer chicas. Pero cuando finalmente decidí que ya había tenido suficiente de ese tipo de trato y me resistí, más chicas quisieron hablarme. Cuando pones tu límite y no tomas malos comportamientos de otros, se sienten seguros cuando están contigo. A las mujeres les encanta ese tipo de poder y confianza en un hombre.

Mientras estás en el proceso de cambiarte, probablemente escuches muchas críticas de personas a tu alrededor porque están acostumbrados al antiguo tú. Ellos aceptaron al perdedor, es cómo para ellos, pero para ti no hay progreso allí. Cambiar algo sobre ti mismo, especialmente algo grande como cambiar tu trabajo o tu personalidad es difícil de digerir para la mayoría de las personas a tu alrededor Sin embargo, las personas que importan, aquellas que son tus verdaderos amigos, se quedarán contigo y te apoyarán especialmente cuando descubran la razón tras los cambios. Quizás al principio estén impresionados y quizás muestren señales de desaprobación pero al final, aún estarán allí para ti. Por el contrario, tus supuestos amigos que no pueden y ni quieren intentar entender por lo que estás pasando se irán permanentemente. Y es una buena desaparición, si me permites que lo diga.

Olvídate de lo Que Piensan los Demás

Realmente no importa. Lo que importa es el resultado de todos tus esfuerzos y cambios que hagas en tu vida. Las personas pensarán que eres raro por hablar con chicas que no conoces. Pero es más raro quedarse en casa fantaseando con ellas. Estar ahí afuera te pondrá un poco en el foco pero te darás cuenta que la mayoría de las personas no lo ven o no les importa. Están demasiado metidos en sus teléfonos o sus cosas triviales del día a día como para notarte.

Siempre recuerdate que mejorarte va más allá de la opinión de las personas que realmente no importan en tu vida. Solo ignoralos porque no puedes complacer a todos. La vida es un viaje, no un destino y el éxito yace en volverse mejor. Todos tenemos que tener metas pero alcanzarlas no es la recompensa real, el verdadero poder viene de lo que tienes que hacer para llegar allí.

Ten Confianza en ti Mismo

Confía que puedes conseguir cualquier chica que desees. Esto puede confundirse como arrogancia pero esto es como un mantra que puedes decirte a ti mismo todos los días al despertar. Realmente no necesitas gritarle esto a todo el mundo para que te escuchen. Déjalo para ti mismo como un recordatorio diario. Esto es especialmente útil cuando te sientes decaído o en un ambiente de alta presión. No todos los días serán buenos días. Habrán veces cuando querrás rendirte pero ¡solo continua con lo que iniciaste porque eres la mierda! Siempre mentalizate cuando empieces a tener dudas porque no querrás ahogarte en ellas.

Las afirmaciones y hacerte preguntas a ti mismo son una gran manera de lograr esto. Incorporalas como parte de tu rutina diaria, quizás cuando te duches puedes decir en voz alta tus afirmaciones y hacer preguntas. Algunas afirmaciones que he usado y todavía uso son:

Tengo confianza

Soy un ganador

Soy atractivo y puedo seducir a cualquier mujer que quiera

Me veo y siento increíble

Soy carismático y encantador

Estas pueden parecer altamente arrogantes o puede que se sientan raras al decirlas pero envían mensajes de confianza a tu mente subconsciente que tendrá grandes resultados para tu vida de citas. También puedes traer más buenas emociones con preguntarte. ¿De que estoy agradecido? ¿Por qué? ¿Cómo me hace sentir? ¿De qué estoy feliz? ¿Por qué? ¿Cómo me hace sentir? Responsabilízate por los pensamientos que pones en tu mente y ejercitalos regularmente.

La meditación y la terapia cognitiva también son buenas actividades para aumentar tu confianza. Intenta sentarte en silencio con los ojos cerrados o abiertos por diez o veinte minutos al comienzo o final de cada día según prefieras. Concéntrate en inhalar y exhalar profundamente. Si llega un pensamiento a tu mente, observalo. En vez de quedar atrapado en tus emociones podemos aprender a distanciarnos y estar en control de nuestra mente. Si te sientes estresado, triste o deprimido, escribe todo lo que sientes. Lee y añade más. Descarga tu mente en las páginas. Cuando despejes tu mente y observes tus pensamientos te dará más presencia y claridad.

Ahombrate

¿Como haces esto? No, no te estoy diciendo que salgas y te pelees con extraños al azar. Esa no es la definición de ahombrarse. Significa que necesitas enfrentarte a tus miedos. Por ejemplo, si tienes miedo de acercarte a una chica y comenzar una conversación con ella, necesitas superar este miedo si quieres ser considerado un macho alfa. No seas un maricón. Solo piensa en ella como otro ser humano a quien le hablas. No hay nada que temer ¿cierto?

Otro ejemplo de ahombrarse es enfrentar tus responsabilidades. Si embarazas a una chica, necesitas ahombrarte y afrontar tu responsabilidad al apoyar al niño y no esconder a tu hijo de tus citas prospecto. Se un hombre y afronta las consecuencia de tus acciones.

Mi experiencia también es un buen ejemplo de que no hacer. Cuando mi primera novia estaba muy ocupada con el trabajo, lloriqueaba y me quejaba sobre eso hasta que se cansó y me terminó. Los hombres de verdad no hacen esto porque se sienten seguros y entienden que el mundo de su novia no gira alrededor de ellos. Tienen su propio propósito, vida y hobbies. Pero ahora, cuando una chica me dice que está ocupada con el trabajo y es por eso que no me ha podido responder de inmediato, simplemente le digo que está bien y que no tiene que disculparse, lo cual es exactamente lo que siento. No seas un maricon lloron que no sabe qué hacer cuando su chica no está consigo. Sal y consigue una vida y verás que te amará incluso más.

Conoce tu Valor

Acepta solamente el tipo correcto de trato de los demás. Si conoces tu valor, no permitirás que las personas te traten por debajo de lo que mereces. Siempre piensa que tu valor está en su máximo y no será tocado ni afectado por factores exteriores. Solo porque intentes atraer a una mujer no significa que estás dispuesto a comprometer tu valor. Siempre debe ser constante sin importar en qué situación estés. Si eres rechazado no pienses que tu valor disminuye. Solo piensa en eso como una experiencia de aprendizaje que contribuye sobre quien eres como persona. No te lo tomes muy en serio y solo pasa la página.

Finalmente, cuando se trata de cortejar a una mujer, experimentarás obstáculos tanto grandes como pequeños. Siempre **recuerdate que puedes hacer lo que sea** si te mentalizas. En vez de encogerte ante los obstáculos, encuentra formas de eliminarlos. Por ejemplo, si una mujer que te gusta actualmente está en una relación con alguien y sientes que merece algo mejor pero solo se está conformando, necesitas librarte del obstáculo - el novio. Tampoco te lo tomes literal. No vayas a buscar a un matón que pueda matar a su novio por ti. Quitar el obstáculo se refiere a que logres que la chica esté soltera de nuevo para que puedes hacer tu movimiento decisivo. En realidad no tienes que hacer nada. Si sigues todos los consejos en este libro y te vuelves el macho alfa que todos los hombres quieren ser, sólo con presentarte, hablar con ella y dejarle saber que estás interesado y solo esperas a un lado hasta que terminen será suficiente. No necesitas difamar al tipo o hacer algo turbio. Puedes decir que poner de objetivo a una mujer que está en una relación no es algo con lo que te sientas cómodo haciendo pero recuerda que las citas son todo menos un juego, y todos son un buen partido. No te preocupes demasiado sobre eso porque así funciona la vida.

Otro obstáculo que podrías encontrarte es no tener mucho dinero para citas. La solución es buscar formas para ganar más dinero o buscar un trabajo mejor pagado. Siempre trata de mejorar tu situación.

Podrias tambien experimentar no tener suficiente tiempo para salir por tu trabajo. Siempre puedes intentar citas en linea o descargar apps como Tinder. Todo problema tiene una solución, aveces la solucion es mas de una. Vuélvete auto-consciente y comprueba constantemente tu progreso así puedes identificar retos. Reduce los obstáculos a un tamaño que puedas manejar hasta que se hayan ido por completo.

Ahora estás preparado para buscar estas señoritas ya que has mejorado tu juego interno. Las mujeres pueden estar en cualquier parte pero hay lugares grandiosos para conocerlas. Encuentra más en el próximo capítulo.

Capítulo 4: Cómo conocer mujeres fácilmente

Finalmente, Lo que todos han estado esperando, conocer las mujeres de las que hemos estado hablando desde la primera página. Las mujeres están en todas partes y como seductores maestros necesitamos considerar todo el mundo a nuestro alrededor. La vida es un juego. Todo el dia, toda la noche deberías estar preparado para conocer chicas. Quizás estás paseando al perro, cortandote el cabello o en el aeropuerto. Veras a esa chica candente y te acercarás a ella sin excusas. ¿Como puedes hacer esto siempre de forma consistente? El mejor consejo que puedo darte para esto es que desarrolles tus habilidades y personalidad. Hay dos formas de hacer esto.

Primero, Si eres un principiante o estás volviendo quizás tengas mucha ansiedad en cuanto a acercarte a mujeres. Supera esto sumergiéndote en un periodo de constante acercamiento a mujeres. Sal cada dia e interactúa con mujeres. Habla con las personas en la tienda, personas que sirven tu comida. Literalmente cualquiera con quien te cruces. No busques aprobación, La única forma de conseguirlo, de nuevo, es abriendo tu boca y hablando. La reacción no es importante. Con el tiempo irás ganando más confianza en hablar con extraños.

Segundo, habla con las personas lo más que puedas e incorporarlo en tu dia dia. Si estás sirviendo comida o debes lidiar con personas tales como vecinos o servir a personas se amigable. Sonríe, trata de hacerlos reir. Preguntales como va su dia.

Estos puntos te prepararán y te darán un reflejo natural para que cuando veas a una chicas candente pasar a tu lado no dudaras. Sentirte bien contigo mismo ayudará enormemente.

Sonrie, ten confianza y ríe de la vida.

Otros lugares a los cuales puedes ir para conocer aun más chicas incluyen, clases, eventos, lugares de culto, festivales y muchos más.

Ahora vamos a ver algunos de los mejores lugares para conocer mujeres.

Capítulo 5: Juego nocturno

Como dije antes, hay mujeres en todas partes, y hay muy buenos lugares para conocerlas. Solo porque hay mujeres en tu oficina no significa que puedes flirtear con ellas solamente. Se ha hecho antes y las personas se enamoran de sus compañeros de trabajo pero es algo que quizás prefieras evitar. No querrás que tu vida laboral y de citas coincidan especialmente cuando uno de ustedes esté amargado. Solo imagina el drama que tendrás en el trabajo. Hay una gran cantidad de mujeres solteras allá afuera en muchos lugares.

Así que ¿dónde están los mejores lugares para conocer mujeres? Y ¿qué tipo de estrategia necesitas usar en ciertas situaciones? Chequea los siguientes trucos y consejos.

Pienso que conocer mujeres de noche es más sencillo que hacerlo por las mañanas. Esto es porque la oscuridad da un aire de romance, misterio y tambien sexualidad. Las personas están más dispuestas a bajar su guardia y ser agradables cuando es de noche que a plena luz del dia. Quizás porque la noche está asociada con relajarse, dormir y tener sexo, y también marca el final de todo un dia de trabajo. Cualquiera que aún esté afuera de noche está ahí para pasar un buen rato, lo que quiere decir que están abiertos a conocer nuevas personas. Este es mi juego favorito porque lo encuentro más fácil. Y además, funciono mejor en la oscuridad.

¿Donde estan los mejores lugares para practicar tu juego nocturno?

La respuesta más popular es en el bar o club. La mayoría de las mujeres que van allí quieren conocer personas nuevas y pasar un buen rato. Aparte del bar o club, también puedes ir a fiestas o eventos que se desarrollen de noche. Incluso eventos y recintos que usualmente tengan alcohol, lo cual hace mucho más fácil hablar con personas.

Puedes mantenerte actualizado con el mejor y último evento de tu ciudad aumentando tu círculo social y también chequear páginas de eventos locales, meetup.com y facebook.

Para principiantes o aquellos que buscan elevar sus habilidades, es importante salir seguido, cerca de cuatro o cinco veces por semana. Puedes pensar que es mucho especialmente si trabajas en horario regular de oficina, pero como siempre dicen, sin dolor no hay victoria, sin coraje no hay gloria. Además, ¿como vas a conocer mujeres si rara vez sales? Algunas noches puede ser solo una hora, mientras más salgas más ganas confianza y consigues conocer más mujeres.

No necesitas estar con un grupo de amigos. Si no tienes más opción que ir solo, entonces de todas maneras sal solo. Es, de hecho, aún mejor salir solo una vez que te acostumbras porque puedes hacer tu movimiento sin preocuparte de que se enamore de uno de tus amigos en lugar de ti. Trabajar solo es mucho mejor porque puedes concentrarte en la tarea como tal. Y te forzará a hablar más con personas también. Las noches que salgas con amigos, es genial que ellos te ayuden a ocuparte de tus amigas para que puedas aislarla. Encontrar amigos con los que salir es fácil, puedes conocerlos fuera o en foros locales, sitios web y redes sociales.

Para asegurarte de tener experiencias variadas, evita ir siempre al mismo lugar cada noche que salgas porque probablemente veas las mismas caras una y otra vez. Sugiero hacer una lista con todos los lugares a los que puedes asistir los días de la semana que tienes planeado salir. Esto hará más fácil elaborar un plan para toda la semana. Pensar a donde ir cada vez que quieras salir puede ser agotador, como pensar que vas a cenar cada dia. Así que mejor haz tu investigación a principios de la seman y crea tu agenda. De esta forma cuando se trate de salir tendrás menos excusas.

Antes de salir necesitas prepararte con algún preparativo pre salida que te pondrá de buen humor y con la mentalidad correcta.

Consejos pre salida:

1. **Ponte a tono**.
   Para estar a tono para una noche de juego seductivo, necesitas estar bien mentalizado. Tienes que decirte a ti mismo afirmaciones para elevar tu psique. Dite a ti mismo, "soy atractivo y encantador" o "¡Puedo hacerlo!" o algo como estas frases. Al decirte estas frases en voz alta, te das a ti mismo buenas vibras que pueden ayudarte a tener éxito seduciendo mujeres. Lo positivo atrae lo positivo. También puedes hacer preguntas como sugerí en el capítulo pasado.

2. **Has un poco de fisiología en casa**.
   ¿Que quiere decir esto? No es suficiente que alimentes tu mente con pensamientos positivos para impulsar tu confianza. También debes hacer que tu cuerpo esté relajado. Siempre hago algún ejercicio ligero alrededor de 20 min si aun tengo tiempo antes de salir en la noche. Simplemente hago unos estiramientos que ayudan a relajar la tensión en mis músculos. Si estás nervioso porque es tu primera vez y vas a salir solo, solo haz algunas respiraciones profundas para calmar tus nervios. Si tu cuerpo está relajado, estarás más confiado interactuando con mujeres que conocerás más tarde. También pon tus canciones favoritas y baila. Esto seguro te pondrá de buen humor.

3. **Calienta tu voz**.
   Esto es especialmente cierto si vives solo y no haz hablado por horas. Cuando abres tu boca para hablar por primera vez en horas, podrías sonar chillón, lo cual puede desmotivar a la mayoría de las chicas. Un error común

cuando hablan con chicas de noche es ni siquiera ser escuchado por ellas. La mayoría de los hombres pueden pensar que no le gustan a las chicas, pero en realidad ella no puede oírte. Ten una profunda, fuerte, voz alfa. Practica tu voz de seducción antes de salir. Si tienes frases de conquista, practicalas usando esta voz y calienta tus cuerda vocales.

4. **Mirate en el espejo**.
Esto no es solo para chequear si te ves lo suficientemente bien para barrerte las chicas de los pies sino también para practicar diferentes expresiones faciales como sonrisas, sonrisa burlona, mirada de reojo, guiño, y así sucesivamente. Puedes pensar que te vez seductor cuando haces esa famosa media sonrisa, sonrisa medio burlona tuya pero nunca lo sabrás con seguridad a menos que la veas con tus dos ojos. Trata de reirte a ti mismo por un minuto entero. Esto te pondrá en un estado de felicidad despreocupada. La risa es un poderosa arma de seducción.

5. **¡Se Divertido!**
Si luces serio, nervioso o callado cuando salgas, no conoceras ninguna mujer porque ellas no quieren lidiar con hombres así. Después de todo ellas están ahí para divertirse ¿recuerdas? Solo emana una aura de diversión y continúa bombeando emociones positivas. Deja de ser necesitado y buscar validación de otros. Sube el nivel de tu ambiente o emparejalo.

¡Ya estás listo para salir! Recuerda que el juego nocturno comienza justo cuando sales de tu casa. Esto porque puede que conozcas a alguien que resulta que solo va pasando por fuera de tu casa así que mantente preparado apenas salgas. Incluso en el camino debes irte poniendo a tono, habla con el taxista, haz observaciones. Cuando llegues al sitio, necesitas recordar varios consejos útiles y estrategias que convertirán tu juego nocturno en uno exitoso.

En el sitio:

Emite una Vibra Sexual
Se un hombre que emita sexualidad. Cuando hables con una mujer, inmediatamente debe sentir la tensión sexual. Para hacer esto, necesitas aprender cómo hablar seductivamente. Habla lánguidamente, como si tuvieras todo el tiempo del mundo. Pausa en el momento correcto para crear intriga. Esto es como colocar un pedazo de manzana en frente de un caballo. El caballo querrá la manzana más y más. Coquetea con la mujer y mantén un contacto de ojos sexual. Ten una ventaja poderosa.

Sonríe
Sonreirle a las personas te hace ver más accesible. Volviendo al consejo anterior, debes emitir un aura de diversión para atraer personas. Las mujeres no querrán hablar contigo si te ves molesto, serio o triste. Tienes que verte divertido y amigable todo el tiempo. Sin embargo, no seas un payaso, aprende cuándo usarlo y cuando no.

Conoce el Ritmo del Sitio

Si es la primera vez que vas al sitio, primero debes averiguar el ritmo del sitio antes de hacer tu movimiento. Por ejemplo, si un club abre a las 8PM y cierra a las 3AM, significa que la mayoría de las mujeres estarán listas para irse a las 12AM. Por supuesto, querrán mostrar sus trajes y su maquillaje en todo su esplendor porque trabajaron duro por ello. Déjalas disfrutarlo antes que decidas aislarlas y sacarlas del club.

Prueba Social

La prueba social es una herramienta increíble que te ayudará a conseguir chicas con éxito. Honestamente hablando, es un tipo de manipulación mental sutil que lleva a tu reacción deseada de las chicas. Se puede comparar con promocionar un producto. Incluso si no tienes idea sobre cierto producto, aún así lo compras basado en los anuncios que ves.

Para dejarlo más claro, digamos que de repente despiertas en un sitio desconocido donde no conoces a nadie. Puedes sentirte muy hambriento y sales a comer. Ves dos restaurantes desconocidos. El Restaurante A está lleno de personas que comen y hablan. Se ve como un sitio pleno. El Restaurante B se ve vacío, aunque el letrero dice que están abiertos. ¿Cual restaurante escogerías si buscas comida deliciosa? Definitivamente escogerías el Restaurante A, porque tiene prueba social. A menos que por supuesto, quieras estar solo y no te interese mucho la comida. Incluso si no sabes nada de ambos restaurantes, los juzgas basado en lo que ves.

Otro ejemplo es cuando ves a alguien que usa ropa cara o conduce un vehículo caro o come en restaurantes costosos. Automáticamente asumirás que la persona está cargada incluso si no la conoces personalmente. Es lo que ven tus ojos y basado en eso, tu mente asume.

Así funciona la prueba social. Es un fenómeno psicológico en el cual las personas miran lo que hacen otros para tomar decisiones en situaciones desconocidos. La prueba social es más obvia en situaciones desconocidas, donde las personas solo miran a los demás como guía.

Puedes usar esto a tu favor cuando escojas chicas. Pero seguramente te preguntas cómo. Estoy seguro que mueres por saber más sobre la prueba social y cómo puede ayudarte a conseguir cualquier chica que quieras.

Hay tres formas de usar la prueba social al escoger chicas:

1. Deja que las mujeres te vean con otras mujeres u hombres

2. Se muy sociable
3. construir tu juego en un sitio donde seas conocido

Lo primero es **dejar que te vea con un grupo de personas**. Hay diferentes tipos de grupos con los que puedas querer que ella te vea: un grupo de mujeres atractivas, un grupo de hombres atractivos, una sola mujer atractiva, y un amigo que se vea bien, o con un grupo de amigos hombres y mujeres. Hago un énfasis en la apariencia de las personas en tu grupo porque juega un papel principal en la prueba social. Cuando las mujeres te ven con personas atractivas, automáticamente pensarán que también eres atractivo porque ¿por qué otro motivo las personas estarían a tu alrededor? Tienes que tener algo especial en ti. Así que cuando veas a tus amigos hombres, usa grandes gestos que todos puedan ver —choca los cinco, abrazos de hombre, choca el puño, etc. Si sales solo, trabaja con la multitud y deja que las mujeres te vean interactuando. La mayoría de los chicos pensarán que esto los hará ver como jugadores, por el contrario, siempre y cuando no lo hagas con ellos o seas expresamente sexual entonces se verá como si estas personas estuvieran comprometidas contigo. Este es un comportamiento altamente atractivo.

Además, las mujeres te juzgan basadas en las personas con las que estás. Como dice el dicho, dime con quién andas y te diré quien eres. Así que si estás con tus amigos de mediana edad con barrigas de cerveceros y perdiendo el cabello, puedes que las chicas te califiquen mal. Pero si estás con zorros jóvenes que usan ropa estilizada y se ven bien elegantes, entonces las chicas seguramente te calificarán alto. No tengas miedo de acercarte a las personas de alto valor así, intenta y descubre. Algunas veces serán amigables.

Por supuesto, es importante que estas personas en tu grupo te consientan. O al menos dejarle ver a las mujeres que tu y tu grupo la están pasando bien. Las mujeres instantáneamente notan al tipo que domina la atención. Él está rodeado por personas y lo escuchan con cautivadora atención. Antes he visto amigas preguntar por un tipo porque lo ven hablándole a un grupo de personas y estas personas lo admiran. A las chicas se les hace interesante conocer estos chicos.

Además, en los sitios de prueba social importa más tener fans que amigos. Esto solo aplica al juego de citas, no al mundo real, así que no descartes tus amigos solo porque necesitas más los fans. La razón por la cual los fans importan más que los amigos es porque solo muestra que estás en el nivel superior de la jerarquía social, lo que te hace incluso más deseable entre las mujeres.

Te puedes preguntar, ¿cómo puedes conseguir fans? No eres precisamente una celebridad. Bueno, puedes ser una. Al menos en el bar donde frecuentas. Puedes ya sea traer un grupo de hombres y mujeres jóvenes contigo, o puedes ir por el bar y hablar con las personas, lo que me lleva al segundo punto de la prueba social —**se muy sociable.**

Habla con quien sea que conozcas. Y cuando digo quien sea, me refiero A QUIEN SEA —chicas gordas, chicas tímidas, tipos, etc. No discrimines hacia quien eres amigable porque las chicas se darán cuenta de esto. Además, entre a más gente le hables, más popular te vuelves. Incluso si se consideran de menor valor cuando se habla de la jerarquía de citas, aún deberías hablar con ellos. Primero, intenta lograr las tareas más fáciles de lograr, o las frutas bajas. Considera esto como tu calentamiento antes de enfrentar el desafío definitivo.

Si haces esto, te diferenciaras cuando finalmente te acerques a la chica sexy porque ya todo el mundo te conoce. Esto también aumentará tu valor en los ojos de las personas a tu alrededor. Solo pásala bien y disfruta del sitio y las personas que conozcas. No sientas presión por ahora. No seas tan duro contigo en este punto porque solo vas comenzando. Cualquier acción que tomes es positiva.

Sin embargo, un consejo si decides tomar este camino -no caigas en ser un entretenedor, o con mucha energía, o terminarás siendo el 'bromista' o el 'payaso de la clase' en vez del seductor. Lo que puedes hacer es conseguir el balance correcto entre ambos. Ser el Sr. Energía mientras te metes en la sala y cambiar al modo seductor al disminuir tu energía cuando finalmente encuentres tu objetivo.

El truco aquí está en mantenerte en movimiento hasta que encuentres a la chica que te guste. Después de todo, no quieres gastar todo tu tiempo y energía y atorarte hablando con alguien con quien realmente no estás interesado. Y por supuesto, necesitas dejar de moverte una vez que encuentres a la chica que realmente te guste. Este es un peligro de volverse muy sociable. Tiendes a construir tanto momentum hablando con todos que cuando finalmente te topas con alguien que realmente te gusta, aún sigues hablando con otras personas porque se te hace difícil bajar el momentum. Sólo no pierdas el enfoque de tu meta. Recuerda que no estás allí para entretener a las personas sino para encontrar una novia, o al menos alguien con quien irte a casa esa noche.

Y finalmente, el tercer punto, necesitas **construir tu juego en un sitio donde te conozcan.** Por supuesto, lo primero que necesitas hacer es que te conozcan en el sitio. No debería ser simplemente cualquier sitio. Necesitas saber más del sitio antes de empezar a construir tu juego. Un gran sitio para construir tu juego es algún sitio que tenga bastante concurrencia femenina porque ¿cómo vas a conocer mujeres si solo hay pocas? También tiene que ser un sitio donde las personas se conozcan en vez de hacer otras cosas como bailar o comer con los amigos. También es un *plus* si el sitio tiene áreas donde puedas hablar (o flirtear) con la chica en privado. El club donde a veces soy DJ tiene varios pisos. Esto le da a las personas varios sitios para reunirse y hablar. Es como tener un sitio dentro de un sitio.

Después de identificar el sitio donde quieres que te conozcan, ahora puedes empezar a presentarte al personal o incluso al dueño. Habla con el bartender o el personal de espera. Conversa con el gerente o el dueño. Ve allí no solamente cuando el sitio está a tope, sino también en los días muertos o algunas horas antes de abrir para que puedas hablar con el personal cuando no estén ocupados.

Una vez que conozcas a las personas que trabajan allí, aprenderás mucha información útil sobre las personas que normalmente van allí. Además, cuando las mujeres vean que eres amigable con el dueño, gerente o el personal, empezarán a pensar que eres alguien importante, o que tienes los contactos correctos. Esto también es beneficioso porque construir tu juego en un sitio donde te conozcan y te sientas cómodo harán que las cosas sean más fáciles para ti.

La prueba social es bastante efectiva en un sitio donde haya muchas mujeres potenciales que conocer pero poca receptividad. Y si decides aplicar la prueba social en tu juego nocturno, necesitas recordar tomar acción de inmediato. En el juego de citas, hablar es fácil. Aunque la comunicación verbal sea importante, la comunicación no verbal es incluso más importante en las citas porque más seguido de lo que no, dice mucho más que lo que las palabras podrán, lo que nos lleva a otra estrategia que puedes usar en el juego nocturno - la escalada kino.

Resumen del Juego Nocturno

Estas estrategias son tan efectivas que todavía las uso. Después de usarlas varias veces, saldrán naturalmente cuando vayas y quieras encontrar chicas.

Así que básicamente, aquí está como se verá el juego nocturno:

En cada paso siempre te debes preguntar **"¿que quiero?"**

Identificar tus metas es importante para mantener tu objetivo.

Necesitas aplicar este sistema con cada chica que conozcas. Consideralo un ciclo. Una chica es un ciclo. Una vez que termines un ciclo, tienes que comenzar de nuevo.

Muévete

Ve y presentate a las personas. Conoce nuevas personas.

- Ve a la pista de baile y baila un poco.
- Sueltate, ríe, siente la música, déjate ir y disfruta del sitio..
- Habla con cualquiera para entrar en calor

Abre

Busca IOIs indicadores de interés, por sus siglas en inglés (contacto visual, una pequeña sonrisa, mover el cabello, etc.) Cuando veas esto devuélvele una señal como un guiño, asiente con la cabeza, haz un gesto o sonríe. Ve hacia la chica y di algo como "hey, ¿sabes que me recuerda esta música?" o usa el humor. Usa el contacto físico desde el principio como estrechar su mano porque mientras más tardes en iniciar el contacto físico, se pondrá raro cuando decidas hacerlo.

Demuestra alto valor

No necesitas presumir acerca de ti mismo. Puedes hacerlo de forma sutil. Soy DJ y a veces cuento historias acerca de mi trabajo, como celebridades que conozco o eventos en los que fui el DJ. Las personas preguntan, asi que solo respondo. Pero nunca voy por ahí diciendo a las personas que conozco esta celebridad o que estuve en eventos famosos a menos que alguien pregunte. Esto te hará ver realmente genial y confiado.

Vibra

Lidera con la chica hablando con ella, o bailando con ella. Averigua su logística al principio del juego, si vive sola, si esta con sus amigos, cuales son sus planes para mañana. Este es el momento perfecto para hacer planes con ella.

- Pregúntate a ti mismo "¿como puedo hacer esto divertido?" Piensa en líneas de apertura que harán que te hable.
- Usa FLT o falsa limitación de tiempo, dile "necesito regresar con mis amigos pero antes de que lo haga por favor dime …"
- Deja que la chica sepa que la encuentras atractiva.

Digamos que finalmente encuentras a la chica que te gusta. Esto es lo que debería pasar mientras estás en el juego, es decir mientras estás hablando con la chica.

En el Juego

Vibra con ella construyendo confianza y usando el humor. Asume cosas acerca de la chica, empieza usando frases como "apuesto que eres…", "luces como alguien que…", "creo que eres…". Esto creará atracción especialmente si tus suposiciones son correctas y eleva tu estatus ante los ojos de la dama.

Practica el método alejar/atraer. Dile cumplidos y también puntos negativos. Puntos negativos o rechazar no son insultos. Esto se usa para bajar el escudo de perra de las señoritas, y es extremadamente útil cuando interactuamos con mujeres altamente atractivas. Estas mujeres están tan acostumbradas a que los hombres traten de seducirlas que bañarlas con cumplidos solo las hará perder el interés. En lugar de eso, apartarlas un poco diciendo algo negativo, como "¡Probablemente no congeniamos mucho porque somos muy parecidos!" O "¡No sabía que en lo que respecta baile eras tan terrible como yo!" Esto la pondrá lo suficientemente cómoda para bajar su escudo de perra porque sabrá que no estás ligando con ella.

No supliques, o aceptes todo lo que ella diga, o seas demasiado agradable. No hagas o digas cosas en pro de ganar su aprobación. Las mujeres ven esto como señal de debilidad. Mantén la tensión mientras estás en el juego. Mantenla adivinando pero tambien dejale caer unas gotas de SOIs o muestras interés (por sus siglas en inglés) como dando un cumplido sincero o usando lenguaje corporal positivo.

Dale suficiente espacio en la conversación. Esto quiere decir que no deberías ser el que habla todo el tiempo. No lo hagas ver como una entrevista en la que haces preguntas y ella responde. Ella tambien deberia hacer su parte haciéndote preguntas a ti también. Si hay una pausa en la conversación, deja que ella llene el silencio especialmente después de hacer tu parte. La fuerza social más poderosa es el espacio.

Haz que se comprometa. Si la chica está comprometida, Estará más deseosa de ir más lejos. Una forma de hacer esto es haciendo que se comprometa emocionalmente. Sí, puedes hacer esto desde el encuentro inicial. Deberías decir algo personal acerca de ti mismo primero, entonces pregúntale si ha experimentado lo mismo. Una vez que se abra contigo, Ella ya está comprometida emocionalmente. Si te compra un trago o paga tu comida, está comprometiéndose financieramente. Invertir es un gran IOI porque solo las personas que estén interesadas se tomaran el tiempo y esfuerzo de hacer tales cosas.

Pinta imágenes y sonidos mientras hablas con ella. Esto hará que se interese más en conocerte mejor, Lo cual podría llevar a salir, luego sexo.

Mientras Aún estás en el Juego

Habla con emoción. No seas como un entrevistador que solo hace preguntas y no muestra ninguna clase de emoción mientras habla. Dirige la conversación a algo profundo y más serio. Hazle preguntas tales como "¿cuál es tu más grande miedo?" o "¿si pudieras elegir cualquier parte para vivir, donde vivirías?" preguntas como estas requieren una respuesta elaborada que te da un vistazo de la persona.

Como he mencionado antes, usa picos emocionales. Hazla sentir diferentes tipos de emociones mientras habla contigo. Haz que se sienta como una montaña rusa para ella. Usa alejar y atraer. Alejala y tráela de vuelta. No tengas miedo de usar esto en mujeres porque ellas son maestras en este tipo de cosas. Te dejan preguntándote si realmente están interesadas o no. ¿por qué no hacerle lo mismo a ella? Deja que se pregunte. Usar la técnica alejar- atraer, es como si le dijeras a la mujer, "Realmente me gustas... creo. Probablemente deberíamos salir... o no." Hazla calificar dejándola hablar de si misma un poco. Sabrás si es alguien con quien quieres salir si empieza a contarte cosas sobre ella misma. Y siempre dale suficiente espacio para que contribuya con la conversación. No hagas todo el trabajo.

Dinamismo Social

A menudo ella puede estar con un grupo de amigos. Puedes usar a las personas que están contigo para tu ventaja. Usa a tus amigos para que te ayuden a llegar a ella. O si tienes amigas, puedes pedirles que te presenten a sus amigas, recuerda que las mujeres son mejores conectando que los hombres y ellas seguro tendran alguien para ti si no puedes encontrar a alguien por ti mismo.

Si tiene amigos con ella, consigue que te presente a sus amigos. Esto es importante porque si te presenta a sus amigos. simplemente quiere decir que le gustas. Y cuando lo haga;

asegúrate de jugar con todo el grupo. Ella sabrá que eres valioso cuando vea a sus amigos disfrutar hablar contigo. Eso definitivamente aumentará tu deseabilidad. Quien sabe, quizás encuentres a alguien que te guste más entre sus amigos, aunque es algo que no recomiendo hacer cuando ya has mostrado interés y hecho tu movimiento en una chica en particular porque no quieres causar resentimiento entre ellos. Siempre asegurate de agradar a sus amigas y que confíen en ti, Cuando se trate de irse a casa ellas a menudo la animaran a irse contigo.

Lidera y Siembra la Atracción

Siempre ten una mentalidad ganadora. Durante tu interacción asegurate de descubrir su logística. Encuentra un lugar en el sitio donde puedas aislarla. O mejor aún averigua cómo puedes traerla a casa o hacer que ella te invite a su casa.

¿Con quien está?

¿A donde va despues?

¿Qué hará el día siguiente?

Estas preguntas claves te dirán que tan efectivo es la atracción. Si estás buscando algo de una sola noche entonces continuar buscando sus respuestas hacen que la situación se vea muy difícil. Si la logística es buena entonces empieza a plantar la atracción. Sugiere unos tragos en tu casa luego, Cuéntale donde vives. Planta la semilla en su mente y evalúa su reacción.

Atracción

Luego de plantar la atracción, puedes finalmente cerrar el juego, cambiando la ubicación. Puedes también ir a un lugar más privado del recinto o encontrar una excusa para ir a casa con ella. Dile que tienes un *after party*, o ven a ver mi nueva coleccion de musica. Cualquier razón medio valida funcionará.

Solo manten su razón distraída hablando con ella. No le permitas tener un segundo pensamiento ni siquiera por un minuto porque esto puede hacerla cambiar de parecer.

Asumamos que la atrajiste a tu casa, su casa, o hotel (o baño ;)

Aunque traerla a tu casa quiere decir que quieres tener sexo con ella, aun tienes que hacerlo divertido e interesante para ella. Dale un recorrido por tu casa, pon una música relajante, prepara comida y tragos, simplemente se un buen anfitrión. No solo cruces la puerta y empieces a tener sexo con ella porque así no es como debería ser. A menos que ambos están extremadamente calientes y quieran hacerlo sin sutileza.

Gradualmente empieza a hacer las cosas más sexualesl. Usa el escalado kino físico (ve el capítulo sexo para más información). Usualmente, empieza de ojo a cuerpo. Quiere decir que evalúas a la chica. Luego ojo a ojo. O ambos viéndose uno al otro. El primer contacto físico usualmente comienza cuando tocas su mano, hombro, o codo. No estas sugiriendo nada aún pero todavía no estás sugiriendo nada sino simplemente probando las aguas. Si su reacción es positiva, puedes empezar poniendo tus brazos alrededor de sus hombros o cintura y cintura baja. Aprieta su rodilla, si lo deseas. Esto debe hacerse con suavidad. No deberías solo poner sus manos en su cintura de la nada. Puedes hacer esto cuando la estás dirigiendo a la puerta o pista de baile. Una vez que todos estos gestos inocentes están hechos, los cuales probablemente hayas hecho mientras estaban en el club, puedes proceder ahora a acciones sexuales, como besarse y caricias.

Hay signos reveladores de que está lista para ser besada, o de hecho, prácticamente pidiendote que la beses. Su mirada intensa y boca ligeramente abierta son indicadores de que está lista para ir más allá. También notarás que su pecho está ligeramente arqueado, como si te invitara a acercarte. Pon tus brazos a su alrededor y busca el beso.

Una vez que estés besando, luego vienen las caricias automáticamente. Pon tus manos sobre su blusa, solo para tocar su estómago. Si no se resiste, toca partes más privadas, como sus pechos y genitales. ¡Asegurate de hacer esto en un lugar privado! Porque esto a la larga llevará al sexo. No olvides halagar su cuerpo, porque esto la encendera aún más. Oh y siempre usa protección. ¡No quieres ninguna sorpresa!

¡Wow! Ya terminamos de abordar la seducción del juego nocturno. Es más detallado y completo porque conseguir chicas se hace principalmente de noche porque es más efectivo. Sin embargo, esto no significa que no puedas hacerlo durante el día. Es por eso que también tenemos que aprender las técnicas del juego diurno.

Capítulo 6: Juego Diurno

Si hay algo llamado el juego nocturno en el arte de la seducción, definitivamente hay algo llamado juego diurno. Obviamente, este es durante el día, el cual muchos hombres no piensan que es un buen momento para conseguir chicas. Se equivocan, por supuesto, cualquier hora es buena para conseguir chicas siempre y cuando sepas lo que haces.

Así que imaginate trotando en la mañana, tal como lo haces normalmente. Entonces de repente ves una chica atractiva que va en dirección opuesta. ¿Qué haces? No puedes simplemente detenerla y hablarle sin un plan de acción en mente. Aunque, por supuesto, puedes hacerlo pero no es ideal. Quizás le parezcas raro, o peor, peligroso, si no lo haces de la manera correcta.

El "juego" no solo se hace en bares, clubes, fiestas o cualquier otra reunión social de noche. Prácticamente se puede hacer en cualquier sitio —en parques, clases, café, malls, librerías, tiendas, estaciones de tren, galerías o incluso en tu ruta de trote usual. Puedes encontrar chicas en todas partes, por lo tanto, puedes conseguir chicas en cualquier parte.

La principal diferencia entre un juego nocturno y juego diurno es que los sitios del juego nocturno están diseñados específicamente para que las personas se reunan o interactuen entre si, mientras que los sitios para el juego diurno no están específicamente diseñados para este propósito.

Las personas que salen durante del día normalmente están ocupadas porque tienen un sitio a donde ir o están haciendo diligencias. Las personas que salen de noche están fuera porque quieren conocer nuevas personas o solo quieren pasarla bien. Así que ¿qué juego es más fácil y cuál es más difícil para encontrar artistas? El juego nocturno es más fácil y el juego diurno es más difícil. Pero por supuesto, aún tienes que hacerlo porque sigue siendo una gran oportunidad para conocer mujeres.

Aquí están las cosas que tienes que hacer para encontrar mujeres durante el día.

Apertura

La parte más difícil del juego diurno es la apertura. ¿Cómo vas a acercarte a una chica caliente a plena luz del día sin verte como un *stalker creepy*? El secreto está en hacerlo tan espontánea y naturalmente como sea posible, como si la acabaras de ver justo cuando le hablaste, y no hace tiempo cuando empezaste a seguir cada movimiento de ella. Entre más rápido te acerques, más espontáneo y natural será. Solo asegurate de haber observado tus alrededores primero. ¿Está con su novio? ¿Está con su familia o amigos? ¿Está apurada?

Para acercarte a la mujer, tienes que poner una sonrisa amigable en tu cara. Hazla ver como si fuera divertido y amigable hablar contigo. Si nunca lo has hecho antes puede parecer bastante intimidante. Intenta superar esto primero preguntandole a los extraños la hora o direcciones. Puede parecer tonto pero te dará la mentalidad correcta.

Habla con claridad. Las primeras palabras que debes decir a alguien que va a través de su día y preocupándose sobre sus propias cosas es "disculpa" porque no quieres asustarla presentandote de inmediato y diciéndole que es adorable.

Tal como en el juego nocturno, también debes usar el FLT o falsa limitación de tiempo en el juego diurno. Di algo como, "voy a casa de mi amigo pero no pude evitar notar..." o "tengo que llegar al tren en unos minutos pero te vi y quería decirte..."

Como apertura, puedes hacerle un cumplido, hacer una observación acerca de tus alrededores, pedirle su opinión, y así sucesivamente. Solo asegurate de que sea algo único y original, algo que no haya oído antes. Esto te hará destacarte entre todos los tipos que intentaron conquistarla.

Si se ve que está haciendo algo o está apurada, puedes acercarte de manera directa. Al menos no pensará que le arruinas el horario, lo que solo no la tendrá desinteresada sino también molesta. Si te encuentra interesante, tu FLT será mucho más una ventaja porque pensará que te puede perder en cualquier segundo y puede intentar buscar una manera de tener contacto contigo antes de que te vayas, tal como darte su número.

Quizás esté con amigos o familiares. No te desanimes por eso, la mayoría de las chicas no estarán solas. Si te parece atractiva solo ve y se realmente educado y presentate. Las personas con ella se impresionarán por eso e igual ella por la confianza que mostraste.

Y un consejo de un experto, cuando ella te vea, no dudes porque las mujeres pueden sentir tu duda desde lejos y esto las desanima bastante. Y tu juego ya se arruinó porque tu primera impresión ya es extraña y sin confianza. Nunca te ocultes porque es simplemente creepy, amigo. Cuando hables con ella, ten confianza y habla audiblemente.

La Conversación

Básicamente, una gran porción del juego diurno es la conversación en sí misma. Asumiendo que no está apurada, puedes tener una conversación con ella. Encuentra un tema de conversación con el que ambos puedan relacionarse. Realmente no necesitas saber nada sobre la chica todavía, así que los temas más seguros son cualquiera relacionados con tu situación presente. Por ejemplo, si estás en una tienda y la fila para la caja registradora es bastante larga, puedes decir algo al respecto, luego preguntarle sobre sus compras, si siempre compra allí, etc.

O si ambos van a una clase de cocina, puedes hablarle sobre la clase, tal como las partes que te gustan y las que no te gustan, qué te hizo tomar la clase de cocina y así sucesivamente.

Tu primera conversación no es el momento para profundizar y saber más acerca de la chica. Solo estás en el proceso de presentarse entre sí y por supuesto, asegurar su número y posiblemente un segundo encuentro o una cita. No le preguntes cosas de la nada, tales como cuál es su color favorito o algo muy personal como sus relaciones pasadas, a menos que obviamente la conversación haya ido en esa dirección naturalmente. No fuerces el flujo de la conversación sino, haz que vaya tan fluida y natural como sea posible.

Antes de terminar la conversación, o su primer encuentro, asegúrate de conseguir su número u organizar una segunda reunión o una cita. Di algo como "Escucha, realmente quiero saber más sobre el museo que me estabas diciendo. ¿Podemos visitarlo mañana si tienes tiempo libre?" O "realmente pienso que me puedes ayudar con este tema, podemos reunirnos más tarde y hablar más sobre eso?" Y si no se te ocurre nada creativo, solo ve directo al grano: "Realmente disfruté hablar contigo y me gustaría continuar esta conversación. ¿Estás libre más tarde para cenar?"

También puedes tener una cita con ella de inmediato. Esto es genial si ella está disponible ahora porque pueden conocerse, construir una buena relación y ahorrar tiempo. En algunos casos incluso puedes cerrar el trato el mismo día. A veces he hecho esto, ¡creeme que es posible! Para hacer esto solo preguntale si quiere ir a tomar algo y hablar por unos minutos. Puedes usar la falsa limitación de tiempo de nuevo. En la cita puedes tantear las aguas, descubrir su logísticas, pasar la conversación a varios temas. Hablar sobre el sexo, descubrir su nivel de comodidad y que tan lista está. Si parece realmente encendida cambia el sitio o sugiere ir a algún sitio más privado. También puedes usar el escalado kino todo el tiempo. Por ejemplo, revisa su joyería, prueba sus músculos o sostén sus manos.

El juego diurno se puede practicar en cualquier momento, en cualquier sitio. Para los principiantes, intenta acercarte a las mujeres con las que realmente no estés interesado en tener citas de forma buena y amigable. Pregúntales sobre su día, qué hacen allí, etc. Por lo general te enfrentarás con el rechazo o situaciones embarazosas pero sigue adelante porque lo positivo supera lo negativo. Mantente alegre, educado y amigable. Como principiante lo puedes tomar paso a paso. Intenta salir de tu casa una hora al día y solo pídele direcciones a la gente. Lleva la conversación un poco más lejos cada vez. Añade la aproximación a tu vida diaria para que cuando veas a la chica candente caminando cerca de ti camino al supermercado puedas acercarte con facilidad. Realmente no necesitas conseguir su número o pedirle una cita. Puedes simplemente terminar la conversación diciendo, "Un gusto hablar contigo. ¡Ten un buen día!" Cuando desarrolles tu confianza puedes pasar a niveles más avanzados..

El juego diurno es una gran forma de conocer diferentes tipos de mujeres. Por lo general no las conocerás en clubs o en línea. A menudo hay buenas chicas con vidas estables. Algunas de las mejores mujeres que he conocido personalmente son a través del juego diurno. La oportunidad es gigante porque casi ningún chico tiene las pelotas de hacerlo. Las chicas lo verán altamente romántico si lo logras. Porque para ella es como una escena de película, conocí a este chico en el café o en el tren, etc.

La mayor parte del juego diurno se juega más lento y realmente no lleva a ligar o al sexo de inmediato. Aunque como he dicho, ¡eso puede suceder! El objetivo definitivo de conseguir chicas a plena luz del día es simplemente obtener su número y asegurar citas ya sea más tarde el mismo día o en el futuro cercano.

Cuando tengas sus números guárdalos en tu teléfono y agenda planes con ellas. Establece objetivos y avanza.

Capítulo 7: Citas en Línea

En esta era moderna de la tecnología, todo puede hacerse en línea, incluso las citas. Algunas personas tratan a las citas en línea como su último recurso y a menudo se avergüenzan hablando al respecto. Pero eso no debería ser el caso. Muchas personas han encontrado a su pareja de toda la vida en línea. Las citas en línea se han vuelto tan comunes que ya no deberías sentirte avergonzado de ello. Muchas personas, jóvenes y viejas lo están haciendo. Algunas celebridades han incluso confesado usarlo. Con las citas, deberías agotar todas tus posibilidades porque quien sabe, la que estás buscando puede estar muy ocupada para salir y prefiere las citas en línea.

El caso con las citas en línea es que hay demasiados tipos que envían fotos sucias e irrespetuosos mensajes que entonces los chicos buenos, como tu y yo, a veces ni siquiera tenemos la oportunidad. Estamos abultados juntos con estos tipos que piensan que enviar fotos de su pene los hace atractivos por alguna razón. Afortunadamente, esta imágen de las citas en línea poco a poco ha comenzado a cambiar, a medida que más y más personas las usan, a diferencia de antes cuando se usaba principalmente por personas poco atractivas que tenían fetiches raros. Ahora, incluso las personas populares lo hacen, especialmente con la popularidad de Tinder. Si no has escuchado de esto, entonces tienes que estar viviendo bajo una roca y definitivamente debes empezar a desempolvar tu conocimiento de citas.

Si perteneces a ese puñado de personas que no han usado Tinder antes, es una app en línea que puedes descargar en tu teléfono móvil. No tiene la dificultad de crear un perfil de citas porque está conectado con tu cuenta de Facebook. La premisa básica de Tinder es que si te gusta una foto, deslizas a la derecha. Si no te gusta, deslizas a la izquierda. Si ambos deslizan a la derecha en la foto del otro, Tinder creará un emparejamiento y entonces puedes empezar a chatear. Puede sonar trivial porque básicamente estás juzgando a una persona basado en su apariencia (o foto de perfil) pero ¿así no funcionan las citas normales también? Te acercas a una chica por como se ve. La personalidad y otras cosas más profundas vendrán después. Es igual para las citas en línea. Ambos pueden deslizar a la derecha pero de ahí a ir más allá depende sobre si hubo chispa o no después de tener las conversaciones en línea.

También puedes suscribirte a Tinder Plus, el cual cuenta con cinco Super Likes por día, uno, deshacer la última deslizada, likes ilimitados y pasaporte para deslizar alrededor del mundo. Esta es una gran función si eres un viajero porque puedes agendar citas para justo cuando aterrices. Si usas la versión paga de Tinder puedes usar grandes funciones tales como el *Boost*. Cuando usas esto, tu perfil será puesto en la cima de otros perfiles que tus emparejamientos potenciales pueden ver por 30 minutos, lo cual significa más oportunidades de que deslicen a la derecha tu perfil.

También está Tinder Gold, el cual es básicamente como Tinder Plus pero con una función más —te permite ver quien te a like. Tinder también tiene una función llamada "Super Like" donde te permite alertar a un emparejamiento de Tinder potencial de que estás super atraído a ella antes de deslizar a la derecha. No puedes explicarlo pero hay algo acerca de la foto que te hace sentir mariposas incluso antes de conocerla o hablarle. Sucede a veces ¿cierto?

Tu perfil en Tinder necesita estar optimizado. Puedes usar hasta seis fotos de ti mismo con una como tu foto de perfil principal. También hay una función que selecciona tu mejor foto usando algunos algoritmos. Puedes confiar en eso pero es mejor seleccionar fotos que te muestren como un hombre atractivo. Por ejemplo, fotos de viajes, fotos de salud/gimnasio, fotos con mujeres atractivas, fotos con amigos, fotos *fashion* de alta calidad (una gran foto de perfil), fotos con animales y cualquier otra foto atractiva de ti. Evita las fotos cliché tales como selfies de poca calidad, fotos sin camisa o en general fotos ruines. Pagale a un fotógrafo profesional para que te tome fotos de calidad. Evalúa varias selecciones, pregúntale a tus amigas mujeres y encuentra que funciona mejor para ti. Siempre puedes preguntarle a tus amigas mujeres y encontrar que funciona mejor para ti. Siempre puedes borrar tu cuenta y empezar de nuevo si eso no está funcionando. ¡Entonces tendrás una segunda oportunidad con las mujeres!

Tinder también cuenta con una sección de descripción. Puedes pensar que no es importante porque nosotros los chicos somos altamente visuales, pero las mujeres a menudo leen esto. Usa esto para describirte de forma corta, dulce, atractiva y graciosa que provoque una respuesta. Por ejemplo, ¿Puedes hornear galletas? ¿Qué historia graciosa me puedes contar? Cosas así provocarán que la chica te contacte. O puedes decir mi ex lanzó un ladrillo por mi ventana, espero no estés loca o soy un DJ famoso. Estos le darán curiosidad a la chica y probablemente te contacte. Enlista tus hobbies e intereses de manera resumida. Si eres un chico alto coloca tu altura. No es importante si eres de altura promedio pero para los chicos altos es dinamita.

Tal como con las citas normales, también necesitas un mensaje de chat de apertura. Di algo como "Ambos deslizamos a la derecha así que pienso que somos un emparejamiento perfecto." O "Hola, emparejamiento adorable de Tinder." O "Alguien te ha dicho que te ves como (una celebridad). Por eso deslicé a la derecha." O "Escuché que las chinas son..." Cualquier mensaje de entrada que sea ingenioso o cualquier halago para comenzar la conversación con una nota positiva funcionará. También hay GIF's que puedes usar para comenzar conversaciones de forma graciosa. Solo se respetuoso.

Ahora que ya has comenzado la conversación, puedes encontrar intereses similares o hobbies que te dejarán saber si tienen algo en común. El caso con las citas en línea es que es más fácil comenzar una conversación porque tienes tiempo para conseguir una frase ingeniosa, además que preguntar sobre lo que le gusta y no le gusta en el primer día no es raro.

También se pueden enviar fotos entre sí (nada de fotos del pene, por el amor a Dios) o mensajes de voz. Dile detalles como tu altura, hobbies, gustos, trabajo y así sucesivamente. Puedes decirle tu ubicación (no tu dirección exacta) así que sabrás si existe la posibilidad de una reunión.

Si te gusta lo que ves (o lees) hasta ahora, y si piensas que también está interesada en ti entonces puedes pedirle su número o detalles de contacto para hablar por otra app.

Pasar a otra app hará que se interese más en ti, es como un cambio de sitio en la vida real. Tu guias y ella sigue. Una gran app para usar esto es el Instagram Esto le mostrará más sobre ti viceversa para ella. Asegúrate de tener un gran perfil, publica fotos cool de ti viajando, pasándola bien, con tus amigos y otras fotos atractivas. Es más probable que se reúna contigo si sabe más de ti.

Cuando tengas su contacto puedes comprometerla más. Envía fotos graciosas de lo que estés haciendo, envía mensajes de voz y haz que se familiarice más contigo. Llámala y conozcanse aún más. Una vez que hayas decidido reunirte, define la fecha y lugar. Es mejor escoger un sitio que pienses que sea seguro, como tu gimnasio local, la clase de yoga, el parque, restaurante, y así sucesivamente.

Y aparte de Tinder, también puedes usar las plataformas de redes sociales para encontrar ligues o citas, tales como Facebook o Instagram.

En Facebook y Instagram añade o sigue diferentes chicas candentes y comienza a hablar con ellas. Dale me gusta a sus fotos, envía MD o mensajes directos, comprométela. Si no responde, pasa a la siguiente. Estas apps tienen buenas funciones que puedes usar para citas tales como historias y ubicaciones. Las historias pueden usarse para probar que tan interesada está la chica en ti. ¿Te está observando? También son buenas para iniciar conversaciones. ¡Las ubicaciones pueden usarse para descubrir donde están todas las chicas candentes!

Con estas apps, no solo te enfocas en una chica. Añade o sigue tantas chicas como desees en Facebook o Instagram. De nuevo, asegúrate de que tu perfil se vea bien.

Solo recuerda que no importa que plataforma de citas en línea utilices, siempre debes ser respetuoso para que no seas agrupado con aquellos tipos que piensan que sus penes son el regalo de Dios para las chicas. Se interesante, divertido y escuchala.

Capítulo 8: Conseguir Chicas en el Trabajo

¿Sabías que hay trabajos que están diseñados para que te acuestes? Bueno, no exactamente "diseñados" para ese propósito pero tu me entiendes. Si trabajas en un ambiente de oficinas, puede ser más difícil acostarse por el ambiente. La sala de correo o la despensa no son exactamente buenos lugares para encuentros románticos. Se que probablemente pienses que has visto muchas películas o shows de TV que los compañeros de trabajo se enamoran entre sí y tienen sexo en la oficina. Por supuesto, esto se puede hacer pero aún así no es el lugar ideal.

Y además, salir todas las noches a conocer chicas puede ser agotador, sin mencionar caro. Así que la solución es encontrar un trabajo que pueda hacer que te acuestes. Es una situación de ganar-ganar para ti. Ganas dinero mientras encuentras chicas sin esforzarte al mismo tiempo.

Soy DJ y puedo responder por este trabajo. Conozco a tantas mujeres en una semana que escoger es obligatorio porque no hay suficiente tiempo para salir con todas. Siempre estoy rodeado de mujeres, peleando por mi atención. Las mujeres por lo general se me acercan y me dan sus números. Y todo lo que tengo que hacer es poner la música. Es tan fácil que da risa.

Aparte de los DJs, los bartenders también obtienen muchas citas. Sin embargo, el trabajo de un bartender es más difícil que el de un DJ. Lo que recomendaría es ser un bartender en bares de hoteles de alta gama que no tengan idiotas borrachos que hacen que ser bartender en algunos sitios sea difícil. Otros trabajos que te dan más oportunidades de acostarte son masajista, entrenador personal, instructor de baile, instructor de gimnasio, músico, tatuador, fotógrafo y stripper. Si aún quieres un trabajo que siga siendo del tipo corporativo pero te permita conocer nuevas personas, puedes intentar ventas. Esto también desarrollará tu confianza al hablar con extraños.

Recuerda aplicar los principios que aprendiste anteriormente al hablar con mujeres en el trabajo. Asegúrate de que resultes como un hombre atractivo y confiado. No seas *creepy*.

Muchos de estos trabajos puedes tomarlos como part time y te dará la oportunidad de mantener tu trabajo principal o estudios. Siempre puedes pasar por un período de inmersión profunda conociendo tantas mujeres como sea posible. Ya sea a través de la noche, día, en línea, círculo social o el trabajo. Toda tu vida debe ser vista como una oportunidad de conocer mujeres. Nunca pierdas una oportunidad.

Capítulo 9: Círculo Social

Los Círculos Sociales son una forma fácil y conveniente de engancharse con muchas mujeres. Algunas noches no querrán ir al club. El juego diurno puede ser difícil de hacer todo el tiempo y el juego en línea puede llevar a desconfianzas. Tener un gran círculo social llena los vacíos y te trae un flujo constante de nuevas chicas.

El círculo social trata totalmente de hacerte amigo de muchas personas diferentes que sean populares y siempre salgan. Por ejemplo, conozco personas que trabajan en PR cuyo trabajo es conocer muchas chicas candentes. Estos tipos o chicas siempre están con muchas personas y tienes que esforzarte para hacerte amigos de ellos. Si ves a un tipo en un club rodeado de chicas candentes. Hazte amigo de él. No seas el tipo que intenta robar sus chicas. Piensa a largo plazo y vuélvete parte de su red para que tu también puedas tener una provisión inagotable de chicas. Añadeles valor.

También es bueno conocer a las personas que trabajan para agencias de talentos de modelo porque los modelos por lo general están en contratos de corto plazo así que siempre tienen un nuevo suministro viniendo a la ciudad. Estas personas son responsables de llevarlos a las mejores fiestas. Si te haces amigo de ellos entonces ya serás un tipo genial a sus ojos porque tienes prueba social y pre selección del grupo.

Otras personas con grandes círculos sociales incluyen DJ's, artistas, dueños de negocios y personas carismáticas exitosas. Siempre debes enfocarte en conocer nuevas personas y hacerte amigo de ellos. Pide que te presenten, acércate a las personas geniales y acepta lo desconocido. Incluso puedes ir a reuniones y eventos locales para contactarte con más personas. El poder está en las personas que conozcas.

¿Los hombres y las mujeres pueden ser amigos? Absolutamente, no dormirás con cada chica a la que le hables. Algunas veces las pones en la *friendzone* o ella no está interesada en ti de esa manera. O quizás solían salir. Las mujeres son buenas amigas para que los hombres añadan a su círculo social. Te darán retroalimentación desde el punto de vista de una mujer y también mucha prueba social para las chicas con las que salgas.

Tener un gran círculo social hará maravillas por tu vida, te invitaran a fiestas exclusivas, irás a viajes fantásticos y te presentarán chicas adorables que son amigas de tus amigos. También te permitirá siempre tener personas con quien salir.

Mantén el registro de todos tus contactos y mantén tu red. Asegúrate de siempre añadirles valor. Enviar buenos textos de vez en cuando será un gran gesto. Invitarlos a salir, tener una conversación, compartir cosas geniales. Facebook e Instagram son buenas apps para mantenerte al día con tus amigos, su vida y los eventos a los que van.

Capítulo 10: Seguimiento y Mantener a las Mujeres Interesadas

Cuando conozcas a una mujer o hables en línea por primera vez es buena idea obtener sus detalles de contacto para que puedas seguirla y mantenerla interesada. El texteo y las llamadas ocurren cuando ya exitosamente obtuviste el número de una chica. Hay ciertas reglas que necesitas seguir para que los números se conviertan en citas y más.

¿Cuando enviarle el primer texto? No hay respuesta correcta para esto. A veces he esperado una semana o más, a veces instantáneamente. Realmente no importa tanto, solo calibra cuando lo hagas. Usualmente envío un texto en el primer día de conocerla, querrás mantener las cosas frescas. Si envías un texto de inmediato debería ser corto y dulce. Encantado de conocerte estaría bien. Si es mucho después, algo tal como hey, ¿cómo estuvo tu semana? Disculpa que haya estado quieto, la vida me trae ocupado.

El enfoque principal es construir comfort con ella y comprometerla más para que ella se reúna contigo. Ten una actitud ingeniosa que sea divertida y levante su espíritu. Por ejemplo, debes ser ingenioso pero no muy listo porque eso te hará sonar como un nerd sabelotodo. No querrás desinteresarla chorreando datos innecesarios en tus mensajes de texto o llamadas telefónicas. Evita ser aburrido y lógico. Se interesante y no como los otros tipos. Ten respuestas divertidas para preguntas estándares.

¿De donde eres? Acabo de venir del supermercado

¿Que edad tienes? 74 años de edad

Intenta no ser excesivamente gracioso, solo un poco. Provocala un poco y pinta escenarios imaginarios entre ustedes dos. Dile un cumplido para ponerla de mejor estado mental. "Realmente me gusta tu foto de perfil" o "me gustaría conocerte mejor porque pareces una persona interesante." Es más probable que te responda los mensajes de texto y llamadas telefónicas.

Comprometela más. Envíale mensajes de voz, GIFs, videos e imágenes pero recuerda no bombardearla enviandole mensajes o llamándola cada pocos minutos u horas. Como he mencionado antes, el espacio es una herramienta importante en la comunicación. Dale bastante espacio, deja que te extrañe. Si no responde en unos minutos, solo espera. No envíes múltiples mensajes de texto o hagas varias llamadas sin que responda porque te verás desesperado. O peor, como un *stalker creepy*. Siempre responde menos de lo que ella lo haga. El compromiso debe ser más de ella.

Cuando textees tambien deberias no hacer muchas preguntas. Guarda todas esas preguntas para más tarde cuando estés hablando con ella en persona. Como regla haz solo una pregunta a la vez. Mantén en mente no dejar que la conversación continúe mucho tiempo, La meta es moverlo hacia una reunión lo más pronto posible.

Si una chica no te textea de vuelta o ignora tus llamadas no lo tomes muy en serio o seas uno de esos nombrados chicos llamadores abusivos. Puede que esté ocupada, actua genial todo el tiempo. Si tarda demasiado, enviale un recordatorio. Si aún no responde entonces olvidalo y avanza. Quizás conoció a alguien más, quien sabe y a quien le importa. Tienes abundancia.

Es por esto que es importante hablar con varias chicas al mismo tiempo, hasta que encuentres a la perfecta no notaras si una de ellas toma un largo tiempo para responder. Además, cuando finalmente responda, no le envíes una respuesta de inmediato, como si estuvieras viendo tu telefono esperando por un mensaje de ella, como si no tuvieras nada mejor que hacer en la vida.

Tener una llamada telefónica es una gran forma de construir más comodidad. Un consejo si vas a hacer una llamada telefónica, debes encontrar una excusas de porque la estás llamando porque llamar es un compromiso más grande que simplemente chatear o enviar un mensaje de texto. Es no solamente más costoso llamar sino que también muestra que estas más comprometido con ella emocionalmente. Es por esto que debes encontrar una excusa para llamarla. Dile que tu pantalla esta rota y no puedes ver claramente los mensajes que por eso que llamas.

La meta de textear o llamar es ponerla más cómoda acerca de reunirse contigo y también descubrir si quieres perseguirla. Quizás es super molesta o aburrida y puedes tomar la salida rápida. Si te gusta construye la comodidad y comprometela para conocerla y hacer que este contigo en una cita.

Durante tu texteo o llamadas necesitas mover la conversación hacia un encuentro. Invitala a salir en una cita, Diciéndole simplemente "¿estás haciendo algo divertido esta semana? ¿Quieres pasar el rato?" O "¿que tipo de musica escuchas? Porque está este bar que acaba de abrir y me gustaria chequearlo. ¿Quieres ir?"

Deberías tener tu planificador de salidas semanal con días disponibles para citas y una selección de chicas que quieres conocer. Tu estas en control y eres el macho alfa.

Hablando de citas, también necesitas conocer algunos consejos útiles y trucos acerca de citas porque no es tan simple como lo hacen ver en las películas, especialmente si estás tratando de acostarte.

Capítulo 11: Cómo salir con Chicas de Alta Calidad

Ya casi estas ahi. Finalmente tienes asegurada una cita con la chica que te gusta. Cuando ya tienes todo listo para una cita con ella, necesitas saber qué hacer. No es tan simple como reunirte en algún lugar y tener una conversación. Necesitas usar algunas tácticas que te ayudarán a acostarte en la primera cita. O desarrollar una relación seria con la chica.

Primero y principal, el día y hora. La hora perfecta para citas es 8PM. No es tan temprano que los dos tendrán que salir volando del trabajo, y tampoco es tan tarde lo cual solo te dara un corto tiempo para aplicar tus habilidades de seducción. El dia deberia ser conveniente para ti, asegurate que tu agenda sea clara así puedes cerrar la fecha si quieres.

Cuando elijas el lugar, necesitas considerar tres cosas. Ubicación, actividad y vibra. Cada una depende del nivel de compromiso que la chica tenga en ti y que tipo de chica es. Para chicas buenas que son más conservadoras usualmente es mejor tener una corta y dulce primera cita, quizás una hora para tragos y relajarse en un bar o café. Esto sera fantastico para mostrarle que eres un tipo decente y puedes ser confiable. La próxima cita puedes escalar más. Es siempre ventajoso para ti cerrar (tener sexo) tus citas tan pronto como sea posible. Esto eliminará todos los juegos y necesidades. También te mostrará si realmente te gusta la chica.

Ubicación

Deberías tener como objetivo lugares cerca de tu casa. Esto hará fácil el llevarla de regreso contigo. No querrás quedarte varado lejos de casa. Sin embargo para primeras citas no es tan importante porque eres menos propenso a cerrar el trato. En citas posteriores puedes llevarla cerca de tu casa.

Actividad

Los tragos informales son lo mejor para primeras citas porque puedes tener conversaciones y kino fácilmente. Evita restaurantes o cines para primeras citas porque harán difícil hablar o escalar físicamente. Otras fantásticas actividades incluyen, una caminata en el parque, ir de compras, ejercicios o clases.

Vibras

Las primeras citas deberían tener una vibra donde sea más íntimo. No quieres tener la distracción de otras personas como en clubs o bares ruidosos. Elegir lugares donde seas conocido es fantástico porque incrementa tu prueba social.

Si tienes múltiples citas en una semana, puede que quieras hacer la misma rutina con todas porque hará las cosas más fáciles para ti. Solo ten cuidado de que no haya ninguna persona celosa alrededor que pueda contarle a la chica que estuviste la noche pasada con alguien.

Cuando ya estés en una cita con ella, no pierdas el momentum. Tienes que actuar rápido o el momento para seducir o sexo se habrá esfumado. Es por esto que es importante tomar la iniciativa en todas las áreas, texteando, arreglando citas, invitarla a casa, etc. porque te da el momentum correcto que necesitas. Golpea mientras el acero está caliente, por así decirlo. Pero por supuesto, no deberías actuar todo necesitado y desesperado. Ya hiciste tu parte tomando la iniciativa. Dejala hacer la suya respondiendo no solo tus mensajes si no que también tus insinuaciones.

La cosa con salir en una cita sin preparar es que estas simplemente confiando en tus habilidades comunicativas y el ambiente el lugar. Por supuesto, esto es importante, pero también necesitas tener una táctica que te garantice que te vas a acostar luego. Necesitas ser el tipo de hombre que puede apretar los botones correctos y hacer caer locamente enamorada de ti a cualquier chica

¿Como haces que una chica se enamore de la cabeza los pies de ti justo de después de conocerte por primera vez, o incluso por segunda vez? El truco aquí es hacerla sentir cómoda contigo. El sexo no solo deriva de la atracción. Estar cómodo con la persona es también un ingrediente principal. Muchos expertos en citas creen que la fórmula para el sexo es 30% atraccion y 70% comodidad. La atracción es importante porque si solo hay comodidad terminaras siendo enviado a la *friendzone* por la chica. Por otra parte, si sólo hay atracción, no llevará a ninguna parte. Será sólo como tener un enamoramiento con alguien, como una celebridad, porque no te sientes lo suficientemente cómodo para hacerlo ir a mayores.

Así que, ya sabes que ella está atraída porque dijo 'si' cuando le pediste salir en una cita. ¿Como la haces sentir cómoda? La respuesta es la técnica "Hacerte su novio".

Básicamente, es hacer cosas que solo un novio de mucho tiempo haría normalmente. Las mujeres confían en sus novios y se sienten cómodas con ellos. ¿Cómo actúas como su novio si aún no eres realmente su novio? Cuando ves a una pareja juntos, notarás que ellos no solo se tocan el uno al otro románticamente. Ellos también hacen cosas que solo personas cómodas con el otro harían, como quitar legañas de los ojos del otro. Puede ser asqueroso para algunas personas pero no cuando lo estas haciendo con alguien que amas.

Ahora, no empieces a buscar lagañas en sus ojos solo para hacerla sentir cómoda contigo. Puede ser algo simple como arrastrar su cabello atrás de su orejas, quitar suciedad de su ropa, atar sus agujetas, y así sucesivamente. Los novios hacen esto a sus novias. Y esto hace a las chicas sentirse cómodas. Puedes actuar como su novio de esta forma y hacerla sentir comoda tambien. Si ella está lo suficientemente cómoda, seguramente terminarás acostandote si juegas bien tus cartas.

Asegurate de tener un excelente plan para cambiar de ubicación de tu primera reunión a tu casa. Y ¿cómo puedes hacer que una chica vaya a casa contigo? Busca una excusa para hacerlo. Por supuesto, la mayoría de las chicas sabe que te sientes atraído por ella y que te gustaria dormir con ella pero por el tipo de sociedad en la que vivimos, no dices estas cosas exactamente directas. Simplemente las insinuas. Solo encuentra una excusa para invitarla a tu casa. "¿Te gustaria tener un trago o dos en mi apartamento?" "Me gustaría mostrarte mi estudio." "Necesito ir a recoger mi ropa limpia." Lo que sea solo para hacer que ella vaya a casa contigo sin decir explícitamente que quieres llevarla a casa para tener sexo con ella.

Y tu casa debería ser un buen lugar para seducir. Antes de salir, oculta todo lo que pueda arruinar el ambiente, como tu pila de ropa sucia o latas vacías de cerveza. El lugar debe lucir como un elegante departamento de soltero. Y el recinto de tu cita debería estar cerca de tu casa así puedes llevarla a casa en cualquier momento.

Cuando ya estés en casa, arregla el ambiente poniendo música relajante y no encendiendo todas las luces. Prepara tragos para ambos y muestrale algunas cosas normales para hacerla sentir en casa. Usa el escalado kino, en conjunto con la técnica "Hacerte su novio", y la tendrás en tu cama en poco tiempo. Otras cosas que podrías intentar son masajes o encender velas.

La verdad es que, puedes tener sexo cuando sea, donde sea. puedes tener sexo en la noche, durante el día, en el gimnasio, en clases, etc. Pero por supuesto, el momento perfecto es de noche y en algún lugar privado donde puedas hacer lo que sea que quieras, como tu casa.

Basicamente, así es como deberia verse el escenario completo de citas:

- Reunirse por una hora para cenar, películas o cualquier otra actividad parecida.

- Llevala a casa y seducela. Ten sexo.

- Haz alguna actividad post-sexo, como comer, ir de compras, patinar, ir al parque, etc (si quieres volver a verla es un gran bono)

Así es como una cita ideal debería darse. Y si realmente estás enganchado con ella, tendrás muchas más citas, y por ultimo una relacion seria con ella.

Tratar con las Fallas

Arreglaste la fecha, hora y lugar. Cinco minutos antes de que te vayas, ella cancela. O aún peor, llegas, esperas por dos horas y ella nunca llega. ¡Esto puede pasar! La principal razón para que una mujer deje plantado es una falta de comodidad y conexión contigo. No la apures o presiones para conocerse o ir a algún lado contigo. Necesitas construirlo, pequeños pasos de compromiso de ella para ti. Hazla sentir como si ella lo sugiriera y ella te esta cazando. Puedes probar las aguas lanzando sugerencias o incluso enviando ofertas relajadas como. Oh, Estoy en este asombroso nuevo restaurante de ensaladas o acabo de ir a la playa. Aún mejor, enviale fotos. Esto la tentará y atrapará su interés de unirse a ti la próxima vez.

Evitar la *Friendzone*

Durante su cortejo muchos tipos caen fácilmente en la *friendzone* por no enviar la imagen correcta. Si siempre eres su hombro para llorar sobre otros chicos o como sea que ella te ponga a prueba, reaccionas de la forma incorrecta entonces caerás en la *friendzone*. Para evitar esto, mantén las cosas hombre a mujer. Usa contacto físico, ignora sus pruebas y siempre lidera. Si ella pregunta a dónde ir, decide tú siempre. Si ella actúa dominante ponla en su lugar. No seas débil.

Mantén un Seguimiento

Cuando sales con varias chicas a la semana es buena idea mantener un seguimiento de quién estás viendo. Pon sus nombres en lista en una hoja de cálculo y cual es el estado de tu relación con ella. ¿Cuándo fue la última vez que lo viste, cual es tu próximo plan? Si haz tenido algunas citas con una chica o no han hablado por un rato esto te ayudará a seguir adelante y tener tu mente clara.

Capítulo 12: La Clave de Coquetear con Cualquier Mujer

De acuerdo a muchos estudios, la interacción entre humanos es 80% fisica, 20% palabras. Puedes usar esto masivamente para tu ventaja en el juego de citas. Ya que las señales físicas que enviamos son una gran parte del mensaje que enviamos por lo tanto debemos abordar esto primero.

Postura

La emoción está altamente influenciada por cómo nos posicionamos a nosotros mismos y también envía un mensaje poderoso a las personas a nuestro alrededor. Ten una postura positiva. Ten tus hombros ligeramente hacia atrás, el pecho afuera, piernas separadas a la altura de los hombros. Al sentarte, siéntate derecho y mantén tu cabeza en alto. Cuando camines mantén este cuadro fuerte más un poco de arrogancia. Tus pelotas deben guiarte. Camina lento y luce genial, fuerte y confiado. Mantén contacto visual y sonríe a las personas que pasen al lado tuyo.

Gesticular

Cuando estés hablando usa gestos para amplificar tu mensaje. Ten cuidado de no exagerar esto, no querrás lucir como un payaso. Echa un vistazo a algunos de los maestros de hablar en público por cómo gesticulan. Observa videos de personas como Barack Obama, Conor Mcgregor, Russell Brand y otras personas famosas carismáticas. Evita tocarte demasiado la cara, o cualquier lenguaje corporal extraño. Lenguaje corporal negativo cómo cruzar tus brazos o posiciones defensivas deben ser evitadas también. Es una gran idea grabarte hablando o asistir a cursos de hablar en público tales como toastmasters para ver cuales son tus fallas y mejorarlas.

Contacto visual

Ten un buen balance de contacto visual. No te quedes viendo fijamente o veas el piso por mucho tiempo. Mantén la mirada de la persona cuando hables y mira hacia otra otra parte para darle espacio cuando piensa. Si quieres aumentar la intensidad puedes verla fijamente un poco más. Esto es grandioso para silencios con una chica.

Tocar

Un buen amigo mío es un altamente exitoso vendedor. Una herramienta poderosa que lo he visto usar es tocar. De vez en cuando él tocará tu brazo o pierna o donde sea para atrapar tu atención. El hace esto particularmente cuando rompes el contacto visual. Es una buena forma de mantenerse involucrado. Con mujeres puedes ir más allá con el escalado kino el cual es una herramienta de seducción usada para escalar físicamente en mujeres de forma sutil. Más de esto luego. Puedes crear comodidad con ella creando excusas para tocarla como ver sus tatuajes o joyeria.

Palabras

Pinta imágenes con el lenguaje que usas. Las mujeres son altamente emocionales y se encenderán con este tipo de lenguaje. Di cosas que creen imágenes y sentimientos en su mente tales como. En lugar de decir fui a una asombrosa aventura de surfeo. Di fui a surfear y fue tan emocionante, olas azules chocando sobre mi en la profundidad del océano. O en lugar de si, la película fue increíble. Di, esa pelicula me hizo sentir inspirado por la lucha del personaje y el amor por su esposa. Otro ejemplo, el fin de semana pasado fui a hacer senderismo, fue tan genial. Se vuelve, el fin de semana pasado fui en esta aventura dentro del valle, podías ver el sol emerger entre las montañas y había esta calma en el aire, fue una aventura tan mística. Entiendes como es el asunto.

Tonalidad

Evita tener la voz de un robot monótono como la mayoría de hombres. Intenta ajustar el tono del final de tus oraciones o con las palabras que tengan impacto. Estudia a los grandes de YouTube tales como comediantes o políticos. Necesitas sobrepasarte con esto, solo mezclalo un poco para engancharlas. Puedes medir su atención a través del nivel de contacto visual y lenguaje corporal.

Déjala hablar

Al comienzo de una interacción con una mujer deberías de hablar en mayor parte. Haz suposiciones y relajala. Mientras progresa la conversación haz preguntas guía. Quién, qué, dónde, y cómo. Haz que se abra sobre ella misma y construye atracción hacia ti. Pregunta sobre su familia, vida amorosa, sueños y ambiciones. Habla sobre temas que sean altamente emocionales. Cubre el tema del sexo también. Si hablas sobre ti mismo, hazlo de forma positiva pero no presumas. Cuéntale historias que muestren tu alto valor. Tales como la vez que rescataste un gato o viajaste a un nuevo sitio solo. Evita temas negativos que puedan causar animosidad como la religión, política o raza.

Guía

Todo el tiempo debes plantarle semillas en la mente para el futuro. Habla sobre cosas que puedan hacer juntos. Habla sobre tu casa, haz que quiera hacer estas cosas y vaya a estos sitios contigo. Crea la estructura.

Capítulo 13: Sexo

El sexo es obligatorio en cualquier relación. Es el acto físico de la intimidad. Es una expresión de amor, confianza y devoción. Es por esto que es un acto más profundo cuando se hace por dos individuos que se aman porque no es solo sobre lujuria sino también sobre conexión y compromiso.

Sin embargo, el sexo en una relación se puede a veces se puede volver obsoleto, especialmente después de haber estado juntos por un largo tiempo. Puede volverse una rutina y esto es algo que debes evitar. El sexo siempre debe ser emocionante incluso después de haber estado juntos por años. para que sea emocionante, aquí están las cosas que necesitas hacer.

Escalado Kino

Se que puede que esta sea la primera vez que escuches este término. Esto es algo que los maestros seductores han usado por mucho tiempo y es una técnica de seducción poderosa. Comienza desde el comienzo de las citas y dura hasta el mismísimo final. Y el nivel de intensidad aumenta a medida que progresa la interacción con la chica, de ahí el término 'escalado'. 'Kino' es un abreviación de kinestésico, o el toque físico entre un hombre y una mujer. El fin principal del escalado kino, es por supuesto, el sexo. Y para lograr esto, primero debes pasar a través de varios niveles de intimidad física.

Construir tu intimidad realmente no es un requisito. Nada te evita ir directamente al sexo si ambos lo quieren. Sin embargo, construir gradualmente la tensión sexual es mucho más excitante que proceder directamente al sexo. También es más aceptable socialmente, sin mencionar que tiene más clase y es más calibrado.

Principios Básicos

Esta técnica no funcionará si no tienes **confianza**. Por eso siempre pongo énfasis en tener confianza en ti mismo porque la necesitas mientras progresas en el juego de citas. Al tocar a la mujer, ya sea tocar su rodilla, darle un abrazo, o darle un beso, necesitas tener confianza en lo que haces. Debe ser deliberado y calmado, como si fuera la cosa más natural en el mundo.

Conciencia

Un principio clave del escalado kino. Esto significa conciencia de las señales que una mujer envíe. Puede que no lo diga de frente pero ella puede estar enviandote señales de que estás yendo muy lejos. Puede voltear la cabeza un poco a un lado cuando te acerques o cambiar lentamente su posición para quitarte las manos de su rodilla. Necesitas retroceder un poco porque significa que todavía no está lista. Pero no te desmotives. Si juegas bien tus cartas, aún puedes continuar escalando un poco después. Solo está al tanto de las señales gentiles que ella pueda estar enviando.

Kino también sigue el principio, **dos pasos hacia delante, un paso hacia atrás**. Kino no es un proceso paso a paso. Se hace errática y lentamente para que sea más efectivo. Si estás tocando sus rodillas y puedes sentir que le gusta, quita tu mano por unos minutos. Luego ponla de nuevo. Lograr el kino cuando está claro que ella lo disfruta solo la pone más receptiva a tus siguientes avances. Haz que lo quiera incluso más.

También debes mantener tu toque ligero y suave. Tocar no significa poner tu mano sobre su rodilla sin moverla, como si solo estuvieras descansando tu mano allí. Frota su rodilla ligeramente, o mueve tu pulgar con gentileza sobre su mano. Tu movimiento debe ser ligero y fluido. Nada de movimientos agitados, por favor, o la mujer se sorprenderá y se perderá el aura de seducción.

Kino inicial

Ya que esto se hace cuando conoces a la chica por primera vez, esto solo involucra contacto físico simple y casual como tocar su brazo para llamar su atención o dejar que sus cuerpos se toquen si estás en un área con mucha gente. También puedes decirle que sabes cómo hacer lecturas de palma para que puedas tocar su mano por un largo tiempo. De nuevo, también puedes revisar sus joyas músculos o tatuajes. También puedes poner tu mano en la parte baja de la espalda para guiarla a la pista de baile.

Kino medio

Después de un tiempo que ya tengas conversaciones profundas con la chica, ya puedes escalar usando contacto físico más deliberado, tales como abrazos, acariciar su brazo o rodilla. Mira profundamente en sus ojos, tómala de la mano. También puedes empezar a darles besos, si piensas que la chica está lista. Aunque si estás afuera no te dejes llevar tanto, las mujeres son muy emocionales y puede arrepentirse de ir muy lejos y no volver contigo. Si dejas lo suficiente a su imaginación entonces es más que probable que te siga a casa y quiera más.

Kino de Seducción

Ahora estás cerrando todo el proceso. Tu y la chica se están volviendo más sexuales en este punto. Esto involucra besos intensos y toqueteos, que finalmente llevarán al sexo. De nuevo, solo haz la fase de seducción kino en un sitio donde realmente puedas tener sexo. Creeme, arruina el ánimo cuando ambos están listos para hacerlo pero por supuesto no pueden porque las personas podrían verlos. Cuando hayas ido al sitio correcto puedes escalar más. Comienza besando, tocando y luego con el juego previo antes de irte al sexo. Después del sexo asegúrate de abrazarla y está atento a sus sentimientos. No tengas el corazón frío y te duermas o peor, pedirle que se vaya. Preocupate por tu mujer.

Ten Metas Sexuales

Cuando tengas sexo, debes tener una meta que quieras lograr. Puedes decir que el gran O u orgasmo siempre ha sido el objetivo de tener sexo, ¿cierto? Traer placer a tu pareja y ti mismo. Tener sexo no solo se trata de lograr el orgasmo. Puede tratarse sobre muchas cosas. Puede ser para relajarse porque el sexo reduce el estrés y la tensión. También puede hacerse para experimentar. Tu y tu novia pueden querer intentar algo nuevo y diferente, tal como usar juguetes sexuales, disfraces, etc. Las parejas también lo hacen para la conexión emocional. Es por esto que muchas personas tienen sexo después de una gran pelea porque los hace sentir conectados de nuevo.

Aumenta Tu Deseo Sexual

Para tener sexo genial y excitante, tienes que tener apetito para ello. Puedes aumentar tu líbido o deseo sexual al comer comida saludable, ejercitandote y tomando inductores de líbido. Mantente estimulado al imaginarla en diferentes situaciones sexuales. Si usas pornografía ten cuidado de no dejar que tome el control. Miran un poco de vez en cuando es genial para la inspiración pero mucha pornografía no es realista y es sexual en exceso. Puedes terminar sobre estimulando tu mente y luego te costará excitarte con el sexo normal con una chica. También hay varios suplementos de venta libre que puedes tomar para aumentar el deseo sexual. Asegúrate de investigarlos completamente primero.

Muestra tus emociones

Al tener sexo, no tengas miedo de mostrar tus emociones. De hecho, este es el momento perfecto para mostrar tus emociones porque te estás conectando con ella en un nivel primitivo. Dile cuánto la amas mientras la besas o acaricias su cuerpo. O que tan bonita y sexy te parece. Las chicas son bastante autoconscientes durante el sexo y es responsabilidad del hombre tranquilizarla. Se ruidoso y vocal, dile que puede hacer lo que quiera. Saca su lado salvaje.

Juego Previo

¿Sabías que muchas mujeres prefieren el juego previo antes que la penetración como tal? De hecho, muchas pueden lograr su orgasmo a través el juego previo. El camino al sexo debe llevarse paso a paso. No te apures, ¡no solo lo claves ahí! A menos que por supuesto estés apurado o tengas sexo aventuroso en el exterior.

Provocala y dale placer a su cuerpo. Aprende las cosas que le causan orgasmos. Sabrás esto basado en su reacción. Masajea sus senos, ve abajo. Si eres bueno con lo que haces, también sabrás cuando finge.

Habla Sucio

Otra forma de hacer el sexo más excitante es hablar sucio. Puedes hacer esto no solo al tener sexo sino también cuando hables con ella por chat o textees o por teléfono. La anticipación de lo que vas a hacerle cuando finalmente estén juntos la excitará más para hacer el ato contigo. Cuando tengas sexo se bastante vocal con lo que sientes. La comunicación es una gran herramienta para usar durante el sexo.

Mantén Contacto Visual

El contacto visual intenso al tener sexo es genial para excitar porque la hace sentir que no solo quieres su cuerpo y tener sexo con ella. También debes intentar conectar con ella al mirarla a los ojos. Y al tener sexo, mirarla la hará sentir hermosa. Esto es especialmente efectivo cuando vas ahí abajo con ella. Y solo mirar su reacción mientras le das placer excita bastante por si mismo.

Después del Sexo

Dependiendo en tu nivel de interés en la chica debes estar consciente de ciertas cosas. Primero y más importante sin importar de tu nivel de interés, se un caballero. Abrazala un poco, dile que fue genial. Déjala ducharse primero y si tiene que irse, envíala de regreso o consiguele transporte. Si buscas una relación con la chica algo genial que puedes hacer es ir y comer juntos. Esto es realmente algo de novio novia y tendrá un gran impacto en su impresión de ti.

Trío

Si ambos están abiertos a lo que sea cuando se trata del sexo, incluso puedes intentar tener un trío. El truco aquí está en saber si ella está de acuerdo con ello y encontrar la tercera persona. La tercera persona puede ser hombre o mujer, dependiendo de tu preferencia. Si le gustan los trios probablemente conozca alguien que también le gusten. O quizás tu también tengas amigos que le gusten este tipo de cosas. Te sorprenderías con el número de personas que quieren tener sexo con dos personas al mismo tiempo.

Tienes que hacer que esté cómoda de expresarse sexualmente. Puedes hablar del tema preguntando inocentemente ¿has considerado hacer un trío antes? Si su respuesta es "claro que no" entonces no le gusta y no deberías forzar el asunto. Pero si su respuesta es algo vago como, "no estoy segura, realmente no he pensado al respecto..." entonces es posible que puede que le guste o que realmente le gusta pero es muy tímida como para admitirlo.

Si decides tener un trio y ya encontraste a las dos afortunadas (o puede ser una chica y un chico) para hacerlo contigo, necesitas tomarlo con calma, especialmente si uno de ustedes es nuevo para este tipo de cosas. Pon el ambiente a tono. También pueden jugar un juego de bebidas para hacer las cosas más divertidas y al mismo tiempo para hacer que todos se sientan más relajados.

Adicción al Sexo

El sexo es una parte normal de la vida de cualquier persona adulta pero ¿sabías que hay personas que son adictas al sexo? Y todos sabemos que cualquier tipo de adicción, y todo lo que se haga en exceso, no es bueno. Necesitas conocer las señales de la adicción al sexo, especialmente si te estás aventurando en el mundo de las citas y conociendo personas todos los días.

- No rendir bien en el trabajo. Las relaciones con amigos y familiares son deficientes.
- Embarazos no planeados y ETS.
- Gastos de dinero en prostitutas y pornografía.
- Siempre pensar en sexo.
- Querer parar y no poder hacerlo.
- Depresión y ansiedad.

Necesitas estar al tanto de estos síntomas porque no querrás involucrarte con alguien que sea adicto al sexo. O peor, volverse ese alguien que es adicto al sexo.

Si conoces a alguien que sea adicto al sexo o si piensas que tu mismo eres adicto al sexo, deberías buscar ayuda de inmediato. No tengas miedo de ello porque conozco a muchas personas que tienen el mismo problema. Puedes ir a un terapeuta o grupo de apoyo para ayudarte a superar tu adicción. Aquí hay algunas historias de personas que una vez eran adictos al sexo pero pudieron superar la adicción antes de que hicieran algo terrible.

Mira estos ejemplos. ¿Te resultan familiares?

Sheila ha tenido varias relaciones serias pero siempre engaña sin importar que tipo o qué tan amorosa sea su pareja. La razón principal por la que engaña es su adicción al sexo. Ella solo se aburre después de estar con el mismo hombre por meses. Ella sabe que tiene un problema y quiere que pare. Así que fue a un grupo llamados Adictos Anónimos al Sexo y ha estado libre de adicción al sexo por tres años.

Muchas personas piensan que tener la vida perfecta no llevará a ningún tipo de adicción pero se equivocan. Toma el caso de Jude por ejemplo. Él tenía una esposa atractiva y apoyadora, dos hijos hermosos, un trabajo que pagaba bastante, una gran casa y básicamente cualquier cosa que un hombre podría desear. El único problema es que también tiene adicción al sexo. Y es un secreto. El paga prostitutas y tiene sexo con ellas regularmente. Hasta que lo atraparon. Esto arruinó su vida. Cuando su esposa se enteró sobre su adicción al sexo, inmediatamente se divorció y se llevó a los niños con ella. Él estaba muy avergonzado de mostrar su cara en el trabajo así que también dejó su trabajo. Perdió todo. Sabe que tiene un problema y buscó asesoría. Visita a un terapeuta regularmente y va a grupos de apoyo. Hoy, él está libre de su adicción al sexo y pasa tiempo con su esposa e hijos. Puede que no estén juntos de nuevo pero al menos están en buenos términos y puede pasar tiempo con sus hijos de nuevo.

Michelle es adicta al sexo y ella lo sabe y lo ama. Conoce hombres casi todos los días y va a su casa o apartamento para tener sexo. Hasta que un día se despertó después de una noche dura de fiestas y bebidas, en el hospital, con moretones por todo el cuerpo. Ella fue golpeada y violada. ¿Por quien? Ella no está segura porque apenas recuerda los eventos de la noche anterior. Tuvo suerte de que alguien la vio tirada cerca de un basurero y fue llevada al hospital. La solución de Michelle es buscar ayuda de profesionales y personas que hayan tenido la misma experiencia que ella. Ahora tiene 5 años limpia y es voluntaria en su grupo de Adictos al Sexo Anónimos.

Capítulo 14: Haz que Sea Tu Novia (o una de ellas)

He tenido un par de relaciones serias y puedo decir que tengo bastante experiencia. He salido con muchas mujeres pero solo un poco se volvieron serias, mi elección. Por ahora, realmente no quiero ningún compromiso y prefiero tantear el campo o estar en una relación abierta. Pero si tu objetivo es realmente estar en una relación seria, entonces aquí hay unos consejos útiles que te puedo dar.

Primero y principal, ¿cómo se puede volver tu novia? Tienes que verlo desde la perspectiva de la mujer. Algo se vuelve más deseable para las mujeres cuando otra mujer también lo quiere. Para la mayoría de los chicos esto podría parecer un consejo contra intuitivo. Recuerda que las mujeres son altamente emocionales y tenemos que ver la situación desde su perspectiva. Esto significa que entre más chicas te quieran, mayores son las probabilidades de hacer que sea tu novia. A las mujeres les gusta la competencia y la búsqueda, contigo como su recompensa. Es por esto que necesitas mantener las cosas emocionantes. No solo le des lo que quiera. Déjale saber que tienes otras opciones. Haz que espere por tus textos y se vago con tus respuestas. Entonces se volverá casi adicta a ti y no querrá más nada que ser tu novia.

Cuando finalmente estén juntos, no deberías ser como esos chicos que dejan de salir con sus amigos hombres porque ahora tienes novia. Las novias pueden ir y venir pero las amistades de hombre duran para siempre. A menos que hagas algo para arruinarla, tal como ignorar tus amigos porque ahora estás en una relación. No dejes que tu mundo gire alrededor de la chica. No le des todo de ti. No cometas el mismo error que yo. O terminarás con nada una vez que la relación se vuelva agria. Soy la prueba viviente de esto. Rechazar mi vida por mi chica fue tan extremo para mi que tuve que mudarme a una nueva zona y comenzar de nuevo. No te pierdas el resto de tu vida.

Haz Tu Vida Interesante

Aprender nuevos pasatiempos o cambiar tu estilo de vida es atractivo. Tu novia se enamorará más de ti porque continuas volviéndote más interesante. Además, si tienes una vida interesante fuera de tu relación, no terminarás volviéndote el novio necesitado y pegajoso porque no te sentirás aburrido cuando tu novia esté ocupada. Creeme, esta es la solución. Dile que esperas verla después de reunirte con unos amigos.

Mantente seduciendo a tu mujer y haz crecer tu relación. Sin embargo, solo porque ya estés en una relación con ella no significa que debes dejar las técnicas de seducción. recuerda que las relaciones requieren trabajo y si quieres mantener la llama viva, necesitas **seguir seduciendola**, lo que significa que todavía debes usar las técnicas que aprendiste en los capítulos anteriores. Solo recuerda **mantener la habilidad** viva todo el tiempo. Comprometela más en la relación y deja que ella sea la que persiga en vez de que sea al revés. No actúes necesitado ni tengas miedo de que falle la relación. Siempre puedes comenzar de nuevo ahora que sabes cómo jugar.

Toma el Mando

Aunque ambos deben marcar el paso en la relación, necesitas volverte el líder en la mayoría de los aspectos de ella. Se responsable por ella y hazla sentir segura, protegida y asegurada. Y cuando estés en una relación, no olvides siempre ser caballero al decirle cumplidos y ser romántico especialmente cuando hay una ocasión especial como su cumpleaños o su aniversario.

Haz que Sea Realidad

Cuando estén juntos, haz que cada segundo con ella cuente. No debes estar en una relación solo por el gusto de tener una chica a tu lado o para presumirla a tus amigos. Después de todo, solo estás perdiendo el tiempo de ambos si sabes que no te gusta tanto. Puedes terminar solo lastimandola al final, y esto no es algo que apoyo porque debemos amar a las chicas y no hacerlas llorar.

Desarrolla Tus Emociones

Ten más empatía y vulnerabilidad. Las chicas anhelan que los hombres muestren su lado emocional. Esto no significa que vas a ir llorando a tu chica cuando tengas un problema. Sin embargo, mostrarle que eres humano y también tienes un lado tierno siempre es un *plus* en cualquier relación. Dejar salir este lado emocional tuyo es útil porque te hace más próximo a tu novia. Además, almacenar todas esas emociones porque así debe actuar un hombre es muy de la edad media. Debes actualizarte y entender que ahora se permite que los hombres tengan un lado tierno.

Mira a los chicos como Justin Bieber o muchas celebridades asiáticas, tienen un lado muy femenino pero son muy atractivos para muchas mujeres. Es importante notar que cada cultura con la que te topes, las chicas responderán de manera diferente. Por ejemplo, las chicas asiáticas por lo general prefieren chicos adorables, flacos y femeninos. Mientras que las mujeres latinas o del este de Europa prefieren machos alfas que sean musculosos y dominantes.

Establece el Marco

Otra técnica que aún debes usar cuando estés en una relación es establecer el marco. Y el tipo correcto de marco cuando estés en esta situación es la honestidad. Por supuesto, debes ser realmente honesto al no hacer cosas que acaben con su confianza pero también debes establecer el marco tu mismo como persona honesta especialmente si ella tienes problemas de confianza por sus relaciones pasadas. Dile que buscas en una relación. Quizás estés feliz siendo soltero o buscas conoces nuevas personas. Si estás en una relación comprometida ten confianza y honestidad. Para hacer esto, tienes que ser abierto con ella todo el tiempo. Dile a dónde vas, con quién saldrás, etc. Algunos hombres pueden pensar que es mucho pero si realmente quieres ganarte su confianza, tienes que hacerlo. Más adelante, cuando ella confíe totalmente en ti, no necesitará tales detalles y reafirmaciones siempre que salgas sin ella. Siempre debes confiar en ella, no querrás estar chequeandola todo el tiempo. Dale confianza, a menudo las mujeres respetarán eso. Si no lo hacen sigue adelante y no te hartes por la experiencia.

Lucha Por Ser Mejor

No solo tu sino también ella. Necesitas trabajar en tu relación si quieres que dure. No solo trata del juego correcto sino también del compromiso y amar completamente a la otra persona sin importar lo que pase. Siempre ten citas y hagan cosas juntos. Mantén la magia y la emoción vivas..

Relaciones Abiertas

Quizás las relaciones estándares monógamas no son para ti, ciertamente no es mi opción de preferencia. Prefiero ser abierto en una relación y ver otras mujeres si me place. Si esta también es tu preferencia entonces necesita estar bien definido desde el comienzo. Déjale saber a la mujer desde temprano que así te gusta ser. Puedes decir algo como. Soy una persona realmente ocupada y no tengo tiempo para comprometerme con una relación seria en este momento. Realmente me gustas y estoy feliz de verte tanto como sea posible sin la presión de que estemos en una relación seria. Podemos ver otras personas si lo deseamos. Ella te respetará por decirle esto en vez de ser un tipo de poco valor que miente y manipula. Si ella no está de acuerdo con esto, está bien. Sigue adelante y consigue alguien que sí lo esté.

Capítulo 15: Hacks del Estilo de Vida

Hay mucho más sobre mejorar tu apariencia y tu juego de ligar que puede ayudarte a atraer mujeres sin esfuerzo. Mejorar en los siguientes aspectos de ti mismo te ayudará a volverte un macho alfa.

El desarrollo personal debe ser un pilar de tu viaje no solo en el conocer mujeres sino en tu vida. Ten metas que quieras lograr a largo, corto y mediano plazo. Revisalos constantemente y haz planes para lograrlos. Responsabilizate completamente y toma autoconciencia para tu desarrollo personal.

Ten abundancia de recursos. No serás capaz de funcionar bien si no tienes suficientes recursos para comenzar. Dejé mi trabajo de oficina y me volví DJ porque este trabajo paga mejor. Conocer mujeres bonitas aquí y allá en mi trabajo es un gran bonus tambíen. También debes aprender a gestionar bien tus finanzas. No caigas en las trampa de adquirir deudas solo para impresionar a las mujeres. Ser capaz de cuidarte y tener la comodidad de sacar a una chica te tranquilizará. Esto no se trata de ser un proveedor y ocuparse de una mujer financieramente. Sino de poder costear el estilo de vida con facilidad lo que atraerá y te pondrá en contacto con mujeres de alta calidad.

Relaciones

No estoy hablando solamente sobre relaciones con mujeres sino también con otras personas en tu vida tales como tu familia y amigos. Quizás tienes peleas sin resolver o resentimientos con personas. Haz lo mejor por ser mejor hombre y resolverlos. Mejorar tus relaciones puede ayudarte a volverte mejor persona. Aumentará tu autoestima, haciéndote sentir mejor sobre ti mismo y te llevará a más éxito romántico.

Paterninad

Si ya tienes un hijo pero tu relación con la madre no resultó bien, debes asegurarte que seas un buen padre para tu hijo. Responzabilizate, provee y mira a tu hijo con regularidad. Las mujeres encuentran esto atractivo porque muestra que tienes un sentido de responsabilidad. No intentes esconder que tienes hijos. La mayoría de las mujeres no tendrán problemas con ello.

Apariencia

Siempre luce presentable, especialmente al salir y conocer mujeres. Intenta mantenerte en forma al ejercitarte regularmente y comer comida saludable. Usa ropa que se ajusten de buena manera, consigue un buen corte de cabello y afeitate regularmente. Cada mes o dos debes actualizar tu estilo. Esto hará maravillas para tu confianza.

Si quieres que las mujeres te noten, debes empezar a vestirte más *fashion* especialmente cuando salgas de noche. Escoge ropa que te quede bien y que acentúen tus cosas positivas. Aprende cómo vestirte un poco más sexualmente. En vez de abotonarte tu camisa hasta el cuello, ¿por qué no desabotonas un par de botones para hacerte ver mucho más relajado y cómodo? También puedes usar ropa que destaquen las características masculinas de tu cuerpo. Las mujeres definitivamente se derretirán cuando vean que tan candente y sexual eres. Usa accesorios donde sea posible, no necesitas un rolex o bling bling, a veces algo con historia y emoción tras eso es más poderoso. Quizás tienes tienes un brazalete de diente de tiburón que trajiste de Hawaii en un viaje de surf o un brazalete de un concierto de rock. Estos son geniales para iniciar conversaciones.

Casa

Si aún vives con tus padres quizás debas pensar en mudarte a tu propio sitio. Hará de las cosas mucho más cómodas para las chicas. Debes apuntar también a vivir en una zona decente que sea frecuentada por muchas mujeres candentes. Así encontrarás muchas más en tu vida diaria. Tu casa debe estar pulcra y lista para una mujer. Mantén a la mano algunas velas, vino y música para cuando visiten. También puedes comprar unos juegos de mesa o actividades para usar como excusas para que una mujer venga o mantenerla entretenida.

Estilo de vida

Sal todas las semanas. Ve a eventos, conciertos y reuniones. Aprende cosas nuevas y ten hobbies geniales. Reúnete con tus amigos. Viaja a nuevos lugares. Ten una lista de quehaceres. Haz tu vida más interesante y las mujeres te seguirán. Entre más estés afuera es más probable que conozcas a una gran mujer.

Diviertete Más

No pienses que necesitas llevar el peso del mundo sobre tus hombros. Aunque es importante tomarse ciertas cosas con seriedad, tienes que recordar divertirte si quieres que las mujeres te vean como alguien con quien es divertido estar. Aprende a ser gracioso y mejora tu sentido del humor, eso es dinamita con las chicas. Puedes mirar comediantes y películas graciosas en línea para entender mejor cómo ser gracioso.

Ten Confianza

No puedo extender esto lo suficiente porque la confianza es como la llave para todo. Puede llevarte a una gran cantidad de cosas. Quitar la duda personal y comenzar a pensar positivamente acerca de ti mismo. Si otros pueden hacerlo, también tu. Tener más confianza es superar más tus miedos. Si le temes a hablar con extraños o hablar en público por ejemplo, necesitas tomar acción para superarlo. Habla con más extraños, haz presentaciones. Ten más conciencia personal para identificar constantemente tus miedos y descubrir formas de superarlos. De nuevo, hacer *journaling* y la meditación ayudarán a esto masivamente. Si tienes problemas más profundos, considera ver a un psicólogo.

Capítulo Bonus: El Sistema Rápido

Ya sea que intentes atraer mujeres en un club de noche, en el parque en la mañana o en línea. El Sistema Rápido ha ayudado a muchos hombres a asegurar citas y relaciones en el pasado y está probado que es efectivo. Es como el resumen, o la versión condensada de todas las estrategias de citas que los machos alfas utilizan, ¡por eso se llama Rápido!

Es importante que sepas que necesitas hacer antes de tomar acción. No puedes solo ir hacia la chica mientras tus dedos están cruzados tras tu espalda. Este no es el momento correcto para dejar todo a manos del destino o la suerte. Debes tener un plan, como este sistema especialmente diseñado para hombres que están en perdidos como tú.

Asumamos que ya has identificado tu objetivo. ¿Cuál será tu próximo paso? Usa la guía debajo como tu plan de ataque.

Intención

Tu has visto esto antes, hecho por no solo hombres sino también por mujeres. El tipo sigue mirando fijamente a la chica. ¡Por favor, no mires fijamente a menos que quieras que la chica piense que eres *creepy*! Sólo mírala con intención, lo que significa que tienes un propósito de mirarla. Y ¿cuál será el propósito? Quieres conocerla o hablarle. Al mirarla, la estás poniendo al tanto de tu presencia. También le estás dejando saber que la estás chequeando y admirandola y no eres un *stalker creepy*. Y mientras haces esto, espera que la reacción sea buena para que la buena fortuna vaya en tu dirección. Puedes buscar indicadores de interés de ella tales como contacto visual o una sonrisa. Devuélvele el gesto de forma divertida.

Encuentra una Excusa

Cualquier excusa servirá. La música/comida/lugar/etc. son geniales. ¿Probaste esto/aquello antes? Esto me recuerda a...

¿nos hemos visto antes? Que recomiendas. Este tampoco es el momento de ser completamente honesto. No digas, "Hey, te he estado revisando y me gusta lo que veo. ¿Podemos ir a mi casa más tarde?" No importa que tan candente, hermoso o irresistible crees que seas, aún así te abofetearán bastante fuerte si dices esto a cualquier chica que conozcas por primera vez. También, si la chica está con un grupo de chicas, ¿por qué no comenzar la conversación con todas ellas? Quien sabe, quizás lo logres con una de las chicas. Recuerda que la vida es muy corta y mejor pásala intentando atraer chicas porque el volumen de chicas a atraer es enorme. Tantas chicas, tan poco tiempo, así dicen.

Una Vez que se Haya Dicho la Frase Inicial, Diviertete

No tienes que ir con un guión para una conversación en mente. Sus respuestas pueden no ser lo que te imaginas. Necesitas poder mantener una conversación interesante tan naturalmente como sea posible. Esto es el por qué divertirse mientras se hace es importante. Si no te diviertes, entonces es difícil lograr una conversación que suene natural. Solo suéltate, déjate llevar y sigue la corriente.

Usa el Remate Emocional

El remate emocional se hace durante una conversación. Esto es lo que hace las conversaciones interesantes. Las conversaciones aburridas o tibias son lo peor que te puede pasar mientras hablas con una chica. Negativo es mejor que tibio. Juega con las emociones de la chica mientras hablas con ella. Hablar sobre el clima o sobre que come en la mañana, o cualquier tema mundano no la hará emocionarse. Habla sobre hacerse un tatuaje, viajar a sitios exóticos o cualquier cosa que provoque una reacción extrema de la chica. No necesariamente tienes que estar de acuerdo con todo lo que diga la chica porque la conversación será muy aburrida. Los puntos de vista opuestos y las opiniones hacen que las conversaciones sean geniales.

Necesitas hablar con ella tan naturalmente como sea posible (no como una interrogación). Así debería ser: comienza con una pregunta de calificación (¿Alguna vez has pensado en hacerte un tatuaje?), fuerza su respuesta (si dice que no, pregúntale por qué no), mantén la intensidad (si dice que los tatuajes no se ven bien a medida que uno envejece, puedes decirle que se equivoca porque has visto muchas mujeres viejas portando un tatuaje y se ven geniales), y finalmente, baja la intensidad o recompensala (puedes decirle más tarde que tiene un punto, aunque aún así piensas que las mujeres con tatuajes se ven candentes).

Descubre Más Sobre Ella

La conversación no debe ser sobre usar estrategias para enredarte con ella, aunque debería ser una de tus tareas. Por supuesto, debes tener el interés genuino en descubrir más sobre ella. De nuevo, no suenes como un entrevistador al preguntarle sobre su color favorito, fecha de cumpleaños, experiencia laboral, trasfondo educacional. Muy pronto te preguntará si solo quieres que te entregue su CV. Este también es el momento correcto para compartir un poco sobre ti mismo. Si te abres un poco, también estará más dispuesta a compartir sobre ella misma. Solo ten cuidado de no hacerlo todo acerca de ti. Este quizás aún no sea el momento de compartir secretos pero ya estás llegando.

Sin embargo, este es el momento perfecto para usar el marco sexual-- el ingrediente secreto de la seducción. Juro en esto porque funciona TODO. EL. TIEMPO. No es suficiente que seas una persona que se vea increíble que tiene todo a favor. También deberías saber cómo venderte a tu audiencia objetivo, por así decirlo.

Mientras se conocen, deja comentarios aquí y allá que formen tu cuadro sexual. Hay varias formas de enmarcar el sexo. Por ejemplo, hablar acerca de las morales sexuales, pureza o respeto no son un buen marco si quieres traer a la chica a casa contigo en la primera noche. Por el contrario, si dices frases que impliquen que no eres una persona crítica y te encienden las mujeres que no les da miedo mostrar sus deseos sexuales, entonces seguramente termines durmiendo con ella en la misma cama. También debes prestar atención a tus gestos. Estar relajado y soltarte seguramente enviará el mensaje correcto a la chica en vez de actuar completamente formal. Toca sus brazos, cabello, incluso sus rodillas o piernas cuando pienses que esté lista. Creeme, el marco sexual hace maravillas incluso con los tipos menos atractivos.

Haz el Movimiento Matador

Okay, esto suena como un consejo para un cazador pero ¿las citas no se parecen mucho a cazar? Es fácil si la chica está sola porque simplemente puedes hacer tu movimiento sin pensar en las otras personas. Si ella está con un grupo de amigos, sin embargo, entonces necesitas hacerlo un poco diferente, especialmente si ella está con un grupo de amigas mujeres. No quieres hacer sentir poco atractivas a las otras chicas sólo porque solo escogiste una de ellas, ¿cierto? Cautivalas también, entonces se sentirán cómodas de dejar que ella se vaya contigo. Esto es mucho más fácil si estás con tus amigos hombres que pueden actuar como tus compinches. Quizás puedan mantener a las otras chicas ocupadas mientras haces lo tuyo con tu objetivo. También puedes pedirle bailar si estás en un club o caminar o trotar junto a ella si estás al aire libre.

Cierra con Sexo

Te guste admitirlo o no, el objetivo definitivo de acercarse a una mujer es, por supuesto, porque te gusta pero también porque te quieres enredar con ella. Suertudo si lo puedes hacer el mismo día que la conozcas. ¿Cómo puedes terminar la conversación con sexo? No puedes simplemente decir, entonces te gustaría tener sexo conmigo, después de preguntarle sobre su vida, a menos que quieras una gran bofetada en la cara. Tienes hacer una transición delicada. Aquí es a donde lleva el marco sexual. Si enmarcas el sexo, bueno, sexualmente suficiente, entonces tu conversación con la mujer terminará así 100 por ciento. La conversación debería construirse de tal manera que ambos, especialmente ella, quieran terminar en los brazos del otro (y en la misma cama). Guiarla también es un componente clave. Comprométela moviéndola alrededor de diferentes sitios. O si parece estar realmente interesada en ti, llévala a casa.

Entonces, ¿cómo pasas a un tema más íntimo como el sexo? En este punto de tu interacción, ya pasaste la cháchara. Ya deberías estar haciendo preguntas como "¿qué te parece atractivo en un chico?" "¿Aún recuerdas tu primer beso?" O "¿te acostarías con alguien en la primera cita si la conexión es lo suficientemente fuerte?" Las preguntas así la harán sentir menos tímida sobre expresarse sexualmente y no le hará tener miedo de tener sexo contigo..

Usa el escalado kino para para escalar gentilmente sobre ella físicamente. Pon algo de música sexy y guíala. Empieza a besarla y muevete gradualmente hacia más intimidad sexual y luego el sexo. Después del sexo se un caballero y usa las técnicas de novia discutidas anteriormente.

Seguir este sistema al pie de la letra no es lo único que deberías hacer, si quieres volverte un macho alfa que atrae mujeres de la forma en que una fruta podrida atrae moscas. O en la forma en que una flor aromática atrae abejas, si quieres una metáfora que suene mejor. Otro consejo realmente importante y obligatorio es saber que quieres de una chica o una novia. Y cómo volverte el chico que las chicas quieren y más específicamente, ¿cómo volverte el hombre que el tipo de chica que tu quieres quiere? Puedes ver más sobre esto en los primeros capítulos. Asegúrate de tomar acción con el consejo.

No puedes acercarte a cada chica que veas y querer que sea tu novia. Eso quita las ganas. Como he mencionado antes, no deberías perder tu tiempo con mujeres con las que no estás atraído o no tienes una fuerte conexión. Ten la mentalidad de abundancia. Hay muchas mujeres ahí afuera que saldrían contigo.

De nuevo, esto no significa que tienes que ser despreciable con el resto de las chicas que no cumplan tus "estándares". Aún debes ser capaz de hacer sentir atractivas a todas las chicas que conozcas pero debes guardar tus mejores esfuerzos para aquellas que realmente te gusten.

Asimismo, no debes esperar gustarle a las chicas si no haces nada para mejorarte, si sigues siendo el hombre tímido y falto de confianza que no tiene nada que mostrarse a sí mismo. Tienes que tomar acciones si quieres ser un hombre atractivo que siempre atrae a las chicas a donde sea que vaya.

Conclusión

Ahí tienes, una guía completa para llevarte de la nada a la cima. Quizás acabas de salir de una relación larga o quizás solo estás comenzando. Incluso puedes ser un jugador experimentado. Donde sea que estés en tu viaje, si sigues los consejos anteriores y los adaptas a tu vida, entonces seguramente verás resultados. Recuerda que es un viaje, solo porque te acostaste o terminaste con una relación no significa que debes parar el desarrollo. Vive una vida con un balance de salud, riqueza, pasiones, carrera y romance. Mantén la chispa viva en tu vida amorosa y mantente mejorando.

Te sugiero que leas este libro más de una vez y señales las cosas que se quedaron contigo. El juego de citas es un viaje continuo y las cosas que leas primero quizá no sean tan aparentes para ti entonces pero serán más relevantes más adelante. Mantén un registro de tu progreso, tus citas, tus altos y bajos. Pon objetivos de lo que quieras y actúa. Si estás consciente de ti mismo, entonces es más probable que consigas lo que quieras.

Si estás tan abajo como yo cuando comencé entonces creeme que mejora. La responsabilidad está contigo. No esperes una transformación de la noche a la mañana. Toma su tiempo. Algunas veces podrás pasar semanas y meses sin resultados pero intentarlo es lo que te preparará para cuando tengas las oportunidades correctas.

Quizás lo que necesitas es un cambio completo de tu vida. Para mi lo era. Cambia tu ubicación, viaja, haz nuevos amigos y sigue un nuevo camino. Desarrollate y evoluciona a un nuevo tú.

Quién eras antes no determina quién estás destinado a ser.

Sigue el consejo y mantente persistente.

¡Gracias por Leer!

Qué opinas de, **Haz Que Te Persiga: La Estrategia Simple para Atraer Mujeres**

Se que pudiste haber escogido cualquier cantidad de libros para leer, pero escogiste este libro y por ello estoy extremadamente agradecido.

Espero que haya añadido valor y calidad a tu vida diaria. Si es así, sería bastante bueno si pudieras compartir este libro con tus amigos y familiares al postearlo en Facebook y Twitter.

Si disfrutaste este libro y te beneficiaste de leerlo, me gustaría escuchar de ti y espero que puedas tomarte un momento para publicar una reseña. Tu retroalimentación y apoyo ayudará a este autor a mejorar grandemente su escritura para proyectos futuros y hacer este libro incluso mejor.

Quiero que sepas, lector, que tu reseña es bastante importante y por lo tanto, si quieres dejar una reseña, todo lo que tienes que hacer es clic aquí y ahí vas. ¡Te deseo lo mejor en tu éxito futuro!

Darcy Carter 2018

Bono del Comprador

Quiero agradecerte por la compra de este libro. Como forma de extender mi gratitud te daré acceso completo a recursos exclusivos, incluyendo:

- Libros y cursos gratuitos
- Construir un estilo de vida que te garantizará éxito con las mujeres
- Cómo Verte y Sentirte de lo Mejor
- Mantén viva la conversación sin parecer extraño
- Cómo expresarte con confianza y cautivar la atención
- Y mucho más sobre la confianza, las relaciones y las citas

Registrate Gratis Aquí

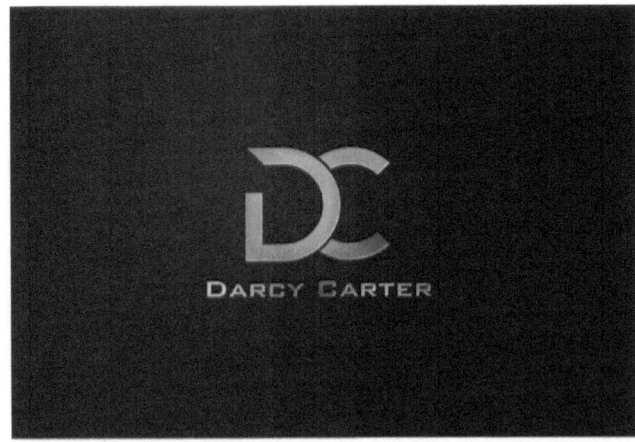

www.ingramcontent.com/pod-product-compliance
Lightning Source LLC
Chambersburg PA
CBHW021117080526
44587CB00010B/552